2013 - 2014 대한민국
부동산, 경제 대전망

박근혜노믹스, 창조경제의 시대

RTN부동산·경제 TV, 최준묵 공저

2013 - 2014 대한민국 부동산, 경제 대전망

Prologue

2012년 6월, RTN부동산·경제 TV에 〈인터뷰 시대 인人〉이라는 심층 인터뷰 프로그램이 생기면서 최근까지 진행했던 인터뷰를 모은 것이 책으로 나오게 됐다.

〈인터뷰 시대 인人〉은 지금 우리가 살고 있는 시대를 성찰하고 미래를 전망해보기 위해 각계 오피니언 리더들의 의견을 듣는 프로그램이다. 프로그램을 시작할 당시는 미국발 금융위기에 이어 유로존 재정위기까지 겹치면서 세계경제의 불확실성이 어느 때보다 높아지고 있던 무렵이었다. 여기에 국내 경기 역시 가계부채와 부동산 장기침체 등으로 살얼음판을 걷고 있었다. 모두가 살기 어렵다며 지갑을 굳게 닫고 있었다. 뭔가 돌파구 마련이 필요한 상황이었다.

그때 RTN에서 기획된 시의적절한 프로그램이 바로 〈인터뷰 시대 인人〉이었다. 자신의 분야에서 성공 가도를 달려온 전문가들은 이 위기 상황을 어떻게 보고 있는지, 또 어떻게 하면 벗어날 수 있는지, 그들의 이야기를 듣다 보면 뭔가 시원한 답이 나올 거라고 기대를 하며 시작했던 것이다. 경제부처 관료부터 부동산이나 자산관리, 경제연구소 등 자신이 몸담고 있는 분야에서 최고의 경지에 오른 인물들이 인터뷰 대상으로 선정되었다. 그들과 한 시간 남짓에 걸쳐 각종 경제 현안에 관한 인터뷰를 진행하면서 냉철한 상황 진단에서부터 명쾌한 해법 제시는 물론 거기에 덤으로 성공한 사람의 성공 노하우까지 얻어 올 수 있었다.

그러다 보니 이렇게 귀중한 조언과 대안 제시가 방송으로 한 번 지나치고 마는 것이 못내 아깝다는 생각이 들었다. 프로그램이 거듭될수록 활자화된 기록으로 남지 못하는 것에 대한 아쉬움이 점점 커져갔던 것이다.

그러던 차에 마침 다연출판사 전영화 대표와 연이 닿았고, 그 배려 덕분에 소중한

책으로 나올 수 있게 되었다. 프로그램 인터뷰를 진행했던 진행자로서 무척 다행스럽고 감사하게 생각한다.

이 책을 통해 경제 관료와 교수, CEO 등 각 분야에서 최고를 고수해온 그들의 허심탄회한 인터뷰를 재구성해봄으로써 우리 경제의 활로와 함께 성공에 이르는 비법까지 들어보는 귀한 기회가 되기를 바란다. 더불어 부동산 경기에 대한 전문가의 분석을 통해 집값의 향후 추이도 가늠해보고 올바른 주식투자법과 창조경제, 경제민주화에 대한 개념까지 파악할 수 있기를 바란다.

다만, 작년 6월부터 시작된 프로그램인 탓에 국민행복기금 운용 계획이나 경제성장률 전망치 등 책에 언급한 경제지표가 실제와 다를 수 있으며 경제 현안에 대한 예측 등에서 일부 오차가 있을 수 있다는 점을 미리 밝혀둔다. 당시 전망치로 예측된 것이기에 독자 여러분의 양해를 구한다. 그러나 유로존 위기나 부동산 경기침체 등 해가 바뀐 지금도 큰 틀로 봤을 때 경제 상황이 크게 개선되지 않았다는 점에서 맥락을 짚어볼 수 있을 것이다.

한 가지 더 밝혀둘 것은 박근혜 정부 출범 이후 현 경제 상황에 대한 이해도를 높이고자 RTN 프로그램과는 별도로 윤창현 한국금융연구원 원장과 송원근 한국경제연구원 공공정책실장 편이 실렸다는 점이다. 두 분과는 개별적으로 만나 경제 상황에 대한 고견을 들을 수 있었다. 책을 위해 기꺼이 귀한 시간을 내주신 윤창현 원장님과 송원근 실장님 두 분께 감사의 인사를 드린다.

끝으로 졸저가 이렇게 책으로 나오기까지 물심양면으로 도움을 주신 다연출판사 전영화 대표님과 송이령 실장님, 책을 내도록 이끌어주신 나의 멘토 KBS 이성민 아나운서께 각별한 감사의 말씀을 드린다. 그리고 오는 4월 군 입대를 앞두고 있는 큰아들 규백, 미술 작업에 열중인 작은아들 규호 아내 조혜옥에게 사랑한다는 말을 전한다.

2013년 3월

최준묵

contents

Prologue • 4

Chapter 1
대한민국 주택과 토지 정책을 논하다
_ 국토교통부 기획조정실 박상우 실장

Chapter 2
재개발 사업의 대안, 마을 만들기 사업
_ 가천대학교 도시계획학과 정석 교수

2013~2014
Economic
Forecast

Chapter 1

대한민국
주택과 토지 정책을 논하다

_국토교통부 기획조정실 박상우 실장

- 고려대 행정학과
- 미 조지워싱턴대 도시 및 지역계획학 석사
- 서울대 행정대학원 석사
- 행정고시 27회
- 대통령 비서실 근무
- 영국 교통연구원 파견
- 일본 오이타대 객원교수
- 국토해양부 국토정책국장 역임
- 국토해양부 주택토지실 실장
- 현 국토교통부 기획조정실 실장

1.
집에 대한 개념이
바뀌었다

박상우 실장현 국토교통부 기획조정실 실장은 우리나라 부동산정책의 근간을 만드는 토지정책 전문가다. 지금 당장 우리의 부동산시장 상황이 낙관적이지 않은 것은 그도 인정하는 대목이다.

그는 우선 수도권과 지방을 나눠서 살펴보자고 제안한다. 즉, 투트랙 Two-track으로 접근하자는 것이다. 결국 부동산정책도 두 가지 다른 처방, 즉 수도권인지 지방인지에 따라 그에 걸맞은 처방이 나와야 하는 것일까?

일단 그의 설명을 들어보자. 그의 진단이 침체의 늪에 빠져 있는 우리 부동산의 현 상황을 이해하는 단초를 가장 명쾌하게 제시해줄 것이다.

현재 부동산의 거래량이나 거래대금 규모 면에서 수도권이 70퍼센트, 지방이 30퍼센트 정도를 차지하고 있다고 그는 진단한다. 문제는 부동산 거래량의 대부분을 차지하는 수도권이 약세를 면치 못하는 데서 출발한다. 수도권의 부동산은 거래 실종과 더불어 가격도 하락 중이어서 많은 사람이 어려움을 겪고 있는 실정이다. 반면에 지방의 부동산시장은 부산, 대구, 대전 등 광역시를 중심으로 거래가 살아나면서 가격도 적정한 수준으로 유지되고 있다. 활황은 아니지만 수도권에 비해 좋은 모습을 보이고 있는 것이다. 그럼에도 수도권이 침체되어 있다 보니 전국적으로 부동산이 많이 힘든 것처럼 보인다는 게 그의 설명이다.

환자의 상태에 따라 처방이 달라지는 것은 당연한 일이다. 그렇다면 우리나라 부동산정책을 입안하는 그는 어떻게 해법 마련에 접근하고 있을까?

그는 우선 주택에 대한 개념이 변화하고 있다는 점을 들었다. 집에 대한 사람들의 생각이 어떻게 변화하고 있다는 것일까? 공급적인 측면에서 먼저 살펴보자.

과거의 주택정책은 대규모 신축 공급 위주의 정책이라고 요약할 수 있다. 그러나 최근 이런 양상이 급변하고 있다. 국민들이 가지는 주택 개념이 변했기 때문이다.

4인 가족이라는 말은 이제 옛말이 되어버렸다. 1인이나 2인 가구가 크게 늘고 있는데, 특히 1인 가구가 급증하고 있다. 통계청은 전체 가구 중 1인 가구의 비율이 오는 2015년에는 27.1퍼센트, 2025년에는 31.3퍼센트 상승할 것으로 전망하고 있다. 현재 1인 가구는 400만 명을 넘긴 것으로 보고 있다. 1인 가구에서 소비하는 액수가 무려 50조 원에 이른다는 분석도 나오고 있다. 가히 폭발적인 증가세다. 그러다 보니 이들을 지칭하는 말로 싱글슈머Single+Consumer라는 신조어까지 등장했다.

1인 가구의 증가는 주택시장의 판도 자체를 바꿔놓을 정도로 큰 파장을 낳고 있다. 이로 인해 중대형 아파트는 외면당하고, 대신 오피스텔과 도시형 생활주택이 새로운 거주 형태로 각광받고 있는 것이다.

집이 거래해야 할 대상이 아닌, 주거 공간으로 바뀐 점도 주목해야 할 대목이다. 어차피 나 혼자 살 공간으로 생각하다 보니 소유보다는 실거주를 선호하게 된 것이다. 이 때문에 집값은 정체되거나 떨어지고, 월세시장이 급팽창하고 있다. 1인 가구 대부분이 자가 소유보다는 전세나 월세 등 임대 형태의 거주를 띠는 경우가 많아지면서 임대차시장의 구조 자체도 변화하는 추세다. 전세가 주류를 이루고 월세가 이를 뒤따르던 상황에서 월세 임대차 비중이 빠르게 늘고 있는 것이다.

최근 한 민간경제연구소에서 펴낸 '국내 주택 임대시장 변화' 보고서에 따르면, 전월세가 포함된 국내 임대시장에서 전세 가구 비중은 하락하고 있는 반면, 월세 가구 비중은 지속적으로 상승하고 있는 것으로 나타났다. 임대시장에서 월세에 대한 선호도가 갈수록 높아지고 있는 것이다.

이렇듯 전세나 월세 비중이 증가하는 데 반해 최근 10년간 자가 주택 비율은 55퍼센트 안팎에서 정체되는 모습을 보인다는 통계도 있다. 즉, 사람들이 집을 사지 않는 것이다.

고령화 추세도 집에 대한 생각을 바꿔놓는 주요 요인이다. 급속한 고령화에 따라 고령자를 위한 공공임대주택의 공급이 확대되고 이주지원 제도 도입, 무장애 주거단지 조성 등이 필요하다는 전문가들의 주장이

제기되고 있다.

글로벌 재정위기도 주택시장의 변화를 촉진하는 계기가 되고 있다.

다음은 박상우 실장의 진단이다.

"지금까지 우리나라는 총체적인 주택 공급 부족 상태였습니다. 지속적인 인구 증가와 경제성장의 영향으로 많은 사람이 수도권으로 몰리면서, 특히 수도권은 만성적인 공급 부족 상태였던 거죠. 이러한 공급 부족을 해소하기 위해 정부가 대규모 도시재개발이나 수도권 외곽에 신도시를 건설해서 대량으로 공급하던 것이 과거 우리 주택정책의 큰 틀이었습니다."

이렇게 수도권 중심으로 주택을 많이 짓다 보니, 최근 들어 양적 부족이 해소되고 있다. 문제는 공급이 충분해지는 것과 때를 같이해서 가구 구성원의 수가 변하고 있다는 점이다. 또한 주택 수요에 가장 기본이 되는 가구 구성에서 1인, 2인 가구가 절반에 육박하고 있다는 점이다.

이런 변화는 앞으로 더 가속화될 것이라는 게 그의 전망이다. 요컨대 절대적인 공급 부족은 해소해 나아가면서, 반대로 수요가 다양화되는 일종의 전환기에 와 있다고 보는 것이다.

2.
주택 관련 규제는
다 풀었다?

우리 가계 대부분이 자산의 70~80퍼센트를 부동산에 묶어두고 있는 형편인데, 최근 주택 경기침체로 하우스푸어House Poor가 속출하고 있다. 너무 시장이 죽어버린 것이 문제였다. 그러니 이제 활성화 대책을 내놔야 하는 것 아니냐는 목소리가 높다. 그래서 등장한 것이 5.10 부동산 대책이다. 권도엽 국토해양부장관이 "법으로 안 되는 것은 빼고 다 풀었다"라고 말할 정도로 규제 완화에 초점이 맞춰졌다. 그렇지만 DTI 총부채상환비율는 손을 대지 않았다. 왜 이것은 풀지 않은 것일까?

지난 2002년부터 2006년 말, 그리고 이듬해인 2007년까지 부동산 가격이 굉장히 많이 올랐다. 가격이 오르는 것은 수요에 비해 공급 물량이 부족하다는 의미다. 상대적으로 공급 부족의 상태가 계속되었고, IMF 탈출 과정에서 시중 유동성이 많이 풀렸다. 그런 것들이 상승 작용을 하면서 수도권을 중심으로 집값이 많이 오른 것이다.

그때 DTI를 비롯한 정부의 각종 규제 장치들이 쏟아져 나왔다. 그는, 종합부동산세처럼 보유과세를 무겁게 해서 부동산 소유 의욕을 꺾어놓는다든지, 토지거래허가구역이나 주택거래신고지역 같은 직접적인 행정 규제를 통해 거래를 불편하게 만든다든지, 재건축에 대한 규제를 강화한다든지, DTI나 LTV주택담보대출비율처럼 은행권을 포함한 금융권에서 부동산시장으로 들어오는 돈줄을 차단하거나 제한하는 등의 여러 가지 정책들을 폈었다고 말했다.

그런데 2008년 글로벌 금융위기 여파로 경제가 어려워지면서 부동산시장의 침체도 시작되었다. 거래도 부진하고 가격도 떨어지는 형국으로 이어지면서, 과거 2002년부터 2007년까지 부동산 거래 상승을 막기 위해 썼던 여러 가지 규제들을 지금은 하나하나 풀어나가는 과정에 있다는 것이다.

그렇게 규제를 풀어가는 과정이라면, 아직 손대지 못한 DTI도 언젠가는 풀릴 것으로 봐야 한다. 다만, 갑자기 DTI가 풀리면 또다시 가계부채가 급증하는 양상이 될 거라는 우려가 크다. 너도나도 집을 사기 위해 연소득을 초과하는 은행 빚을 져서 아파트를 사기 시작할 것이다. 부동산의 경기를 활성화시키는 것은 좋으나, 빈대 잡으려다 초가삼간을 다 태울 수는 없지 않은가. 정부의 고민도 여기에 있지 않나 싶다. 결국 DTI 완화는 가계부채 문제가 어느 정도 해결된 후에 될 듯싶다.

시장 상황이 변하면 정책적 변화를 기하는 것은 당연할지도 모른다. 그러나 모두가 그렇게 보는 것은 아닌가 보다. 박상우 실장은 "정부가 냉탕과 온탕을 반복한다"고 불만을 터뜨리는 사람들의 반응을 아쉬워했다. 즉, 냉온탕의 반복정책을 펴지 말고 한 가지 정책으로 일관되게 추진하라는 주문이 쏟아진다는 것이다. 주문이라는 표현을 썼지만 결국 질책이었을 것이다.

그러나 그는, 그것은 바른 정책이 아니라고 힘주어 말했다. 자본주의 시장에는 경기순환 사이클이 있게 마련이라는 것이다. 부동산시장은 수요와 공급이 여타 일반재와 달리 공급 측면에서 아주 비탄력적일 수밖에 없다는 점을 이해해달라고 당부했다. 즉, 집이라는 것은 집값이 오른다고 해서 갑자기 한꺼번에 많이 지을 수 있는 게 아니라는 이야기다. 수요는 기대이익에 대한 구매 욕구가 있기 때문에 가격이 오를 것 같으면 가수요가 붙는 특성을 보인다. 그래서 다른 일반 재화와는 다르게 등락폭이 더 큰 특징을 가진다.

그것을 시장에 그대로 놔두면 오를 때는 가파르게 오르고 떨어질 때는 한없이 떨어지는 악순환이 되풀이된다. 그렇기 때문에 오를 때는 덜 오르게 하고 떨어질 때는 완충 장치를 둬서 부드럽게 떨어지도록 하는 그런 정책들을 하고 있다는 것이다. 그는 규제를 해서 묶을 때는 묶고 풀 때는 풀어나가는 것이 바른 정책의 방향이라고 강하게 말했다.

그는, 그런 측면에서 보면 재작년에도 여러 차례 대책을 냈었고 작년에도 한 차례 대책을 냈었는데, 그동안 부동산 가격이 많이 오를 때 했던 규제들을 해소해가는 과정에 있고 그런 면에서 보면 대부분의 규제는 풀렸다고 말했다. 투기과열지구와 투기지역, 주택거래신고지역, 양도세 중과 등 대부분이 해소됐다는 것이다.

다만, 한 가지 남아 있는 것이 금융권에서 부동산으로 가는 돈줄을 막 아놨던 DTI인데, 이 DTI는 부동산시장만 놓고 보면 DTI를 해제하거나 완화하는 것이 거래 활성화 측면에서 도움이 될 수 있을 것이라고 말했 다. 그러면서 그는 국가재정적인 측면도 고려해야 하고 일반 가계 역시 부채 문제에서 자유로울 수 없기 때문에 쉽게 접근하지 못한다고 털어 놨다.

그 역시 DTI를 풀었을 때 우려되는 부작용을 걱정하고 있었다. 누구 나 다 그렇게 예상하고 있다면, 실제로 그런 일이 벌어질 가능성이 크다 는 뜻이다.

대한민국에 또 한 번 부동산 투기 붐이 일지도 모를 일이다. 너도나도 빚내어 집을 사기 시작한다면, 반짝 활기를 띨지도 모른다. 그러나 이미 공급 물량이 충분한 상태에서 그 가격이 유지된다고 보기는 어렵다. 그 래서 부동산은 정책을 펴기가 쉽지 않다.

그는 DTI를 해제했을 때 또 다른 측면에서의 위험 요소들이 등장할 수 있기 때문에 정부가 상당히 신중하게 접근해나간다고 부연했다. 그 리고 이 부분에 대한 국민들의 이해도 당부했다.

3.
주택 약자에 대한 지원책

　전월세 임차인에 대한 임차료 보조제도 같은 지원책이 마련될지 물었다.

　박상우 실장은 임차료 보조제도는 여러 선진국에서 시행하고 있고, 우리도 연구용역을 진행한 바 있다고 말했다. 즉, 정부에서도 준비를 하고 있다는 것이다.

　직접적인 임차료 보조제도는 미국의 경우를 보면 정부가 직접 집을 지어서 싼 월세를 받고, 국민임대주택은 LH공사가 정부를 대신해서 주인 역할을 하는 것이라고 그는 설명했다. 싸게 세를 놔주는 것인데, 미국도 과거에는 그렇게 시행하다가 10여 년 전부터 실제로 필요한 수요자에게 임대료를 돈으로 주는, 쿠폰 형태로 지급하는 바우처제도를 운영하고 있다고 전했다.

그렇게 정책이 변한 배경을 살펴볼 필요가 있다.

미국은 우리나라와 다르게 이미 사회 전체적인 주택 재고량이 충분한 수준에 와 있다. 그래서 사회 전체적으로 집이 충분하지만 소득계층별로 놓고 봤을 때 가격 때문에 입주를 못하는 수요자에게 재정적 지원을 해준다. 예를 들어 자기 돈 10만 원과 정부에서 나오는 돈 10만 원을 보태서 20만 원짜리 월세를 살 수 있기 때문에 그런 정책을 취하고 있는 것이다.

우리나라도 언젠가는 그렇게 전환될 거라고 보지만, 아직은 사회 전체적으로 집이 충분히 많다고 보지 않기에 당분간은 불가능하다고 하겠다. 대량 공급이 필요한 시점은 겨우 지나긴 했지만 사회 전체적으로 보면 1,400만 채에서 1,450만 채 정도의 주택에서 적어도 10~15퍼센트 정도 재고가 더 확보되어야 한다는 것이다. 요컨대 최소 140만 채의 집이 더 필요하다는 말이다.

특히 극저소득층이 들어가서 살아야 할 임대주택 등은 아직도 물량이 많이 부족하다. 그렇기 때문에 정부가 한정된 재원을 가지고 어느 쪽으로 돈을 쓸 것이냐의 의사판단을 할 수밖에 없다면, 당분간 임대료를 보조해주는 쪽보다는 직접 집을 지어 재고를 늘려가는 쪽으로 추진하겠다는 입장이다. 그 뒤 사정을 봐서 주택 공급이 충분하다고 판단될 때, 미국 등의 선진국들처럼 직접 보조해주는 쪽으로 큰 방향의 선회를 할 수 있을 것이라고 그는 밝혔다.

4.
미래 지속가능성을
주목하라

국토해양부와 서울특별시가 주택정책을 놓고 이견을 보인 적이 있었다. 당시 대부분의 언론이 박상우 실장과 서울시 주택담당자와의 만남을 비중 있게 다룰 정도로 관심이 컸다.

5.10 대책에도 불구하고 부동산시장이 바닥으로 치닫고 있는 가운데 박상우 국토해양부 주택토지실장과 이건기 서울시 주택정책실장이 비공식 만남을 가진 것으로 알려져 그 결과에 귀추가 주목되고 있다. 특히 그동안 국토부와 서울시는 주택정책을 둘러싸고 계속 엇박자를 보였다는 점에서 이번 만남을 바라보는 업계의 시선이 예사롭지 않다. 국토부와 서울시는 박상우 국토해양부 주택토

지 실장과 이건기 서울시 주택정책실장이 비공식 면담을 갖고 주택 공급 확대와 주택시장 안정화 방안에 대해 논의했다고 전했다. 박· 이 실장은 이날 면담에서 공공임대주택 공급 확대 방안, 전세 가격 안정 대책, 보금자리주택, 뉴타운 재개발 해제지역의 매몰 비용 정부 지원 등에 대해 다양한 의견을 교환한 것으로 파악됐다. 국토부와 서울시도 보도자료를 통해 양측이 만남을 갖고 '서민 주거 안정 및 주택시장의 안정'을 위해 큰 틀에서 정책 공조로 상호협력을 강화해 나아가기로 했다고 밝혔다. 이번에 양측이 합의한 주요 내용은 전세 가격 안정을 위해 예측 가능한 대규모 재건축 등 정비 사업 추진, 유수지 등을 활용한 임대주택과 대학생 기숙사 확보, 기지정된 보금자리주택의 차질 없는 추진 등이다. 양측은 또 강남지역 등의 대규모 아파트 재건축으로 입주민의 일시 이주가 발생할 경우에 생길 수 있는 전세 가격 상승 문제를 해소하기 위해 예측 가능한 정비 사업을 추진한다는 게 의견을 같이했다.

_ 〈해럴드경제〉 2012. 5. 31

서울시와의 이견을 보인 것은 지자체장이 바뀌면서부터다. 이 복잡한 문제를 푼 주인공이 바로 박상우 실장이다. 그는 만나서 대화를 나눈 것이 전부라고 했다.

어떻게 된 것인지 당시 상황을 물었다. 더불어 서울시가 추가 신규로 택지를 개발할 곳이 부족한데, 이 문제는 어떻게 접근할 것인지도 물었다.

그는, 서울시와 당초 이견이 있었던 것은 재개발과 재건축에 관계된 부분이라고 말했다. 이미 해결된 사안이라 홀가분하게 웃으며 말하는 그의 모습에서 자신감을 엿볼 수 있었다.

"사실은 2011년에 재개발, 재건축에 관계되는 도심주거환경정비법이 전면적으로 개정됐었습니다. 개정을 하면서 저희가 지자체에서 조례로 정할 수 있도록 상당히 많은 부분을 지자체에 위임을 해줬어요. 그러다 보니 '기존에 추진되고 있던 재정비 사업에서 추진위원회가 해산을 하자', '안 하는 게 좋겠다', 이렇게 할 때 몇 퍼센트가 동의를 하면 해산을 할 것인지가 혼란스러워졌어요. 과거 같으면 법이나 시행령에 다 똑같은 기준을 적용하는 시스템을 가지고 있었는데, 지난번 법 개정으로 경기도 입장이 다르고, 서울시 입장이 달라졌죠. 얘기를 들어보니 부산, 대전시도 다 입장이 다르더라고요."

얼마나 복잡한 문제였을지 짐작이 간다.

2011년 12월 29일 도시 및 주거환경정비법과 도시재정비 촉진을 위한 특별법 개정안이 통과되었다. 다주택자에 대한 족쇄가 하나 풀린 것이다. 2012년 말까지 1년간 한시적으로 다주택자가 재건축조합원 지위를 양도할 경우 임대 사업자라면 3주택까지 가능하게 되고, 정비구역 내 다주택자의 경우 새 아파트를 두 채까지 분양받을 수 있게 되는 것이 골자였다.

재건축, 재개발 등 정비구역 지정 뒤 단계별로 일정 기간 내 사업이 진행되지 않으면 자동으로 정비구역에서 해제돼 뉴타운 출구전략이 본격화되는 것이었다. 재건축, 재개발 도심 정비구역 안에서 다주택자가 주택을 팔 때 당초 1주택 외에는 현금청산이 됐지만 최근에 2주택까지는 조합원 지위 양도가 가능해졌다. 이번에 임대 사업자의 경우 3주택까지는 현금청산 대상에서 제외된 셈이다. 또 정비구역 안에 헌 집을 여러 채 갖고 있는 다주택자가 새 아파트를 최대 2가구까지 분양받을 수 있게 되는 내용도 포함됐다.

그동안 수도권 부동산시장의 뇌관이었던 뉴타운 등의 정비 사업도 출구전략이 본격적으로 시행된다. 정비구역 지정 예정일로부터 정비구역 지정까지 3년, 정비구역 지정 후 추진위 승인 신청까지 2년, 추진위 구성 후 조합설립 인가 신청까지 2년, 조합설립 인가일부터 사업시행인가 신청까지 3년간 사업 진행이 안 되건 정비구역에서 자동 해제된다는 내용이 담겨 있었다.

추진위나 조합 역시 주민동의에 따라 취소할 수 있다. 추진위와 조합설립 동의자의 1/2~2/3 또는 토지소유자의 1/2이 동의하면 조합설립 인가를 취소하고 해당 구역을 해제할 수 있다. 바로 이 부분이 문제가 됐던 것이다.

지역 실정에 맞게 해제를 쉽게 하는 것이 필요한 구역이 많은 지자체는 주민동의 요건을 낮춰서 하고, 해제시키는 것보다는 정상적으로 추진하는 게 더 바람직하다고 생각하는 사람이 많은 지자체는 동의 요건을 좀 더 높여가도록 정부가 일정한 범위 내에서 권한 위임을 했다고 말했다.

"입법을 할 때만 해도 서울시 입장은 가능하면 해제를 안 하고 끌고 간다는 것이었고, 중간에 단체장이 바뀌면서 정부 입장은 가능하면 끌고 가되 주민들이 정 원하면 해제할 수 있도록 한 것인데, 동전의 양면이죠. 계속해서 추진하는 분들은 기반시설 예산도 지원해주겠다는 것이 정부 입장인데, 서울시 단체장이 바뀌면서 해제를 촉진하는 것처럼 비춰지는 측면이 있었습니다. 저희가 해제로 몰고 가면 우선은 부동산이 침체돼서 사업 추진이 어렵기는 합니다. 그러나 크게 놓고 보면 정비 사업이라는 것이 짧게는 5년, 길게는 10년 이상 걸리는 사업이므로 지금 시작하면 10년 뒤에 입주할 가능성이 있습니다. 그래서 지금 상황이 어렵다고 많이 해제를 해놓으면 서울 시내에 집을 새로 공급할 수 있는 곳이 정비 사업을 하는 곳 말고는 크게 여유 부지가 많지 않거든요."

10년씩이나? 그렇게 오래 걸리느냐고 물었다. 박상우 실장의 설명이 계속되었다.

조합원 총회를 하고, 관리처분 과정을 거치고, 실제 건물 부수고, 또 입주까지 하려면 10년은 걸린다는 것이다. 주택 공급이 줄어들어서 오히려 서울시의 주택 사정을 더 악화시키는 것이 아니냐 하는 부분에 대해서 우려를 나타냈었고, 그것이 마치 국토부와 서울시 간 이견이 큰 것처럼 보여졌다는 것이다.

그런데 서울시 측과 만나 대화를 나누는 과정에서 서울시도 주민들의 여러 가지 입장을 생각하고, 미래의 지속가능성이라는 부분도 인식을 공유해서 이견이 많이 좁혀진 상태라는 것이다.

전세난은 어떻게 전개될 것인가도 궁금한 대목이었다. 강남지역의 재건축으로 인해서 일시적으로 전세 수요가 크게 증가할 것이라는 예상이 높았다. 전세 안정과 함께 서울시와의 업무 협조가 어떻게 될 것인지도 관심사였다.

서울시와의 실무협의회를 하면서 작년에는 전세 가격이 많이 오르는 상황이었다. 그 와중에 강남의 경복아파트 같은 아주 상징성을 갖고 있는 아파트들이 재건축에 들어가면서 재건축시장의 전셋값을 더 많이 부추긴 측면이 있다고 말했다. 그러나 올해는 다행히 그런 우려는 없고 상대적으로 다세대 다가구 주택이 많이 입주를 하면서 여유 물량이 굉장히 많다는 것이다.

가락 시영아파트가 문제가 되지 않겠냐고 물었다.

박상우 실장은 가락 시영아파트의 경우 공가, 즉 빈집이 많아서 우려할 수준은 아니라고 말했다. 가락 시영아파트가 5,000세대 정도인데 이미 1,000세대가 이주를 해서 공가가 많다는 것이다. 실제 사람 사는 곳은 3,000여 가구인데 그들 대부분이 전세 가격 1억 원 미만의 낮은 가격대에 전세로 살고 있기 때문에 그 정도 가격, 그 정도 규모의 집이라면 다세대 다가구 주택 등으로 상당 부분 흡수할 수 있겠다고 판단하기 때문이라는 것이다.

5.
체감형 주택정책을
펴겠다

마지막으로 주택 · 토지 정책의 방향과 역점을 두고 있는 사항에 대해서도 물었다.

박상우 실장이 가진 포부나 정책 비전을 엿볼 수 있는 대목이다. 그는, 정부가 자유시장경제 체제하에서 주택시장에 주택정책이라는 이름으로 개입하는 것은 크게 세 가지가 있다는 말로 자신의 정책 구상을 밝혔다.

먼저 자본주의 시장경제 체제에서 반복될 수밖에 없는 경기순환의 진폭을 줄여나가도록 노력할 것이라고 말했다. 다시 말해서 주택시장을 안정화시킨다는 단어로 풀이하는데, 가격이 많이 오를 때는 못 오르게 하고 떨어질 때는 좀 안 떨어지게 받쳐주는 시장 안정화를 위한 정책을 계속해 나아가겠다는 것이다.

두 번째는 시장에서 스스로 자기소득만으로는 주거 문제를 해결할
수 없는 이들을 위한 소위 주거복지의 강화를 꼽았다.

세 번째는 주택의 품질을 유지하면서 국민들이 건전한 주거생활을
할 수 있도록 하기 위해 약간의 기술적인 측면의 문제가 있다고 말했다.
아파트의 관리 문제나 주택건설 기준에 관계되는 문제, 혹은 기술적이
고 시설적인 측면의 소음 문제들이 포함된다. 새 정부의 주택정책 범위
에 들어가는 것으로 국민들이 필요로 하는, 피부에 와 닿을 수 있는 그런
정책 목표를 세우겠다는 것이다.

예컨대 금년에 몇 만 가구가 새로 입주를 한다, 혹은 주거복지를 위해
서 금년에 정부가 몇 천 억 또는 몇 조 원의 자금을 빌려주고 재정을 주
기도 하며, 어떤 이들이 이런 돈을 받을 수가 있고 어떤 이들이 이런 집
에 입주할 수 있는지를 알려준다. 그러면 국민들이 '올해는 내가 새집에
입주할 수 있겠구나', 아니면 '올해 난 그런 자격이 안 되지만 적어도 정
부로부터 저렴한 비용, 낮은 이율로 돈을 빌려서 전세 문제를 해결할 수
있겠구나', 아니면 '정부가 지원해주는 자금을 빌려서 우리 집을 고칠
수 있겠구나' 하는 판단을 할 수 있도록 향후 국민들에게 어떤 지원을
해줄 수 있는지 좀 더 체감형 주택정책으로 방향을 잡고 추진해나갈 예
정이라는 것이다.

30여분 넘게 이어진 짧은 인터뷰는 박상우 실장의 사람 좋은 미소로
마무리됐다. 그의 인상 좋은 미소처럼 주민을 위한 주택정책의 밑그림
이 툭툭 던져지기를 기대해본다.

6.
원칙 있는 열린 마음이 성공 키워드

박상우 실장은 고집이 있었다. 그런 점을 느낀 것은 정부정책에 대한 비판이 나오는 대목을 설명할 때였다. 앞서 언급했듯이, 정부의 부동산 대책이 냉탕과 온탕을 반복한다며 불만을 털어놓는 부분을 설명하는 대목에서다. 냉온탕을 오가는 반복식의 정책을 펴지 말고 한 가지 정책으로 일관되게 추진하라는 질책이 나오지만 그것은 바른 정책이 아니라고 말하는 대목에서다. 막연한 고집이 아니라 원칙과 경험과 경륜에 의한 것이었다. 20~30년 베테랑들의 노하우는 바로 이 고집에 있다고 본다.

부동산시장은 수요와 공급이 다른 일반재와는 달리 공급적 측면에서 아주 비탄력적일 수밖에 없다는 점을 이해해야 한다는 점을 분명히 했다. 냉장고나 세탁기를 사는 것과는 다르다. 집이라는 것은 집값이 오른다고 해서 갑자기 한꺼번에 많이 지을 수 있는 게 아니다. 시간도 오래

걸릴뿐더러 토지도 마련해야 하고, 이후 미치는 시장의 상황도 살펴야 한다. 그리 간단한 문제가 아니다. 시장을 방관하면 걷잡을 수 없다는 점도 분명히 했다.

정책 입안자는 고집이 있어야 한다. 고집은 철학이나 원칙을 말한다. 시류에 휩쓸려 남의 말을 다 신경 쓰다 보면 누더기정책이 되어버리고 말 것이다.

어쩌면 그가 대한민국 토지와 주택정책의 최고 사령탑까지 오를 수 있었던 것도 이런 원칙과 소신이 있었기에 가능했을지 모른다. 고집은 있되, 남의 말에 귀를 기울이는 경청의 힘도 그에게 있었다. 서울시와 도심주거환경정비법으로 이견을 보였을 떠 사태 해결의 주역이 바로 그였다. 고집과 소통은 반대되는 개념이다. 이 둘을 동시에 적절하게 조화시키기란 사실 매우 어려운 일이다.

중앙정부와 서울시, 부산과 다 전 등 각 지자체마다 입장이 다른 사안을 어떻게 조율하면서 이끌어냈을까? 지자체 입장에서도 주민들의 재산권이 걸린 중대 사안으로 각자가 처한 입장이 다 다르기 때문에 중앙정부의 일률적인 잣대는 받아들일 수 없었을 것이다.

서울시 측과 대화를 나누는 과정에서 서울시도 여러 가지 주민들 입장을 생각하고, 미래의 지속가능성이라는 부분도 인식을 공유해서 이견을 많이 좁힐 수 있었다고 겸손하게 설명했지만 결국 그의 열린 마음이 주효했던 것이 아닐까 싶다.

소신과 원칙을 갖되, 경륜과 철학으로 갈등을 조절해갈 줄 아는 능력이 박상우 실장을 이끌어주는 성공의 원동력이 아닐까 싶었다.

2013~2014
Economic
Forecast

재개발 사업의 대안,
마을 만들기 사업

_가천대학교 도시계획학과 정석 교수

- 서울대
- 서울대 대학원 도시설계 석사, 박사
- 서울시정개발연구원 연구위원, 동북아도시연구센터장
- 현 가천대 도시계획학과 교수

1.
사람이 주인인 도시를
만들다

박원순 서울시장의 브랜드 사업은 마을 만들기 사업이다. 서울이라는 대도시에 무슨 뜬금없이 마을 만들기일까 싶다. 아파트에 살면서 바로 앞집에 누가 사는지도 모르고 지내는 것이 현대인들이다. 그런 것에 익숙하다 보니 마을이라는 단어 자체가 생소하기만 하다. 그런데 마을 만들기라니…….

사람들의 호기심과 궁금증을 유발한다. 우리나라에서 마을 만들기 사업을 오래전부터 지속적으로 해왔고, 우리나라에서 마을 만들기 사업에 대해 가장 잘 설명해줄 수 있는 전문가를 찾아봤다. 그 주인공이 바로 성남시에 있는 가천대학교 도시계획학과의 정석 교수다.

사실, 도시재개발 사업은 많은 문제점을 드러내고 있었다. 가장 먼저 떠오르는 것이 아직도 우리 기억에 생생한 용산참사다. 용산참사는 그동안 우리가 묵인하고 방치한 재개발 사업의 누적된 문제점이 적나라하게 드러난 것이라는 진단을 하기도 한다. 이른바 폭력적 강제철거의 되풀이가 빚어낸 참사였다는 것이다.

맞는 말이다. 사업 진행 과정에서의 문제점뿐만 아니라 사업의 본래 취지인 공급 측면에서 엉뚱한 문제를 낳고 있다. 주택재개발 사업은 상당한 주택 공급 효과를 갖고 있긴 하지만 저소득층 주거 사정은 갈수록 악화되는 결과를 낳기 때문이다. 그래서 여러 대안이 제기되고 있다.

가령 영세한 원주민의 낙후된 주거 환경 개선으로 재개발 사업의 목표 변경이나 소형 혹은 저가주택 및 임대주택 건설비율의 확대와 세입자에 대한 지원 강화, 분양 가격 임대보증금 임대료 산정방식의 전환, 순환 재개발과 순차적 개발방식을 통한 가발 속도의 조절 등을 꼽고 있기도 하다.

이런 여러 대안 중 하나가 바로 마을 만들기 사업이다. 우선 정석 교수에게 정의부터 물었다.

"이렇게 정의하면 어떨까 싶네요. '우리가 살아가는 마을에서 이웃과 함께 공동체를 이루며 주인으로 살아가는 것이다!' 사실, 마을의 주인은 우리 주민들이죠. 그리고 나라는 존재입니다. 그렇지만 내가 마을의 주인이라고 느끼는 분들은 아마 많지 않을 것입니다. 그저 집에서 잠만 자고 하숙생처럼 왔다 갔다 하는 이런 분들이 많을 것입니다."

내 얘기인 듯싶었다. 인천에서 서울까지 왕복 서너 시간을 다니고 있으니 하숙생이 따로 없었다. 정석 교수의 설명은 계속된다.

"마을에서 같이 살아가는 이웃들과 공동체 삶의 재미를 느끼는 분들도 많지 않을 것입니다. 또 마을마다 문제들도 많을 것입니다. 길, 즉 도로의 문제와 공간의 문제, 혹은 마을의 문제들이 있을 텐데요. 이것들을 죄다 내 일로 생각하고 주민들이 스스로 풀어내고 마을에서 개인이든 주민이든 갖는 꿈들을 스스로 이뤄내는 것, 이런 것들이 마을 만들기가 아닐까 생각합니다."

머리로는 이해가 되지만 선뜻 가슴이 따라주지 않는다. 공동체의 삶이라는 것에 재미가 있었나 싶다. 시골에서 자라지 않은 사람들에게는 처음 듣는 얘기일지도 모른다. 그의 이력을 추적해보자.

정석 교수는 1994년에서 2007년까지 시정개발연구원에 몸담고 있었다. 박사학위를 받자마자 바로 들어간 첫 직장이 바로 서울시정개발연구원이었다고 한다. 1994년 2월이었는데 처음 맡았던 일들은 서울의 경관연구였다고 한다. 아파트 일색의 한강변 경관을 어떻게 하면 좀 더 아름답게 관리할 수 있을 것인가가 그의 과제였다고 한다. 사실, 한강변을 따라 들어서 있는 천편일률적인 아파트의 모습은 흉물에 가깝다는 평을 들었다. 그런 지적이 나오기 시작했던 때가 아닌가 싶다.

또 산과 구릉지 주변 경관뿐만 아니라 심지어 건물에 어지럽게 붙어 있는 옥외 광고물을 어떻게 관리하는 것이 마땅할지를 연구하는 것이었다고 한다. 지금도 마찬가지지만 아파트 상가에 빼곡히 붙어 있는 각종 간판들이 얼마나 제각각인지 사람들은 이미 익숙해져서 그 어지러움을 깨닫지 못한다.

그다음 다룬 주제가 보행환경연구였다고 한다. 도시의 주인은 엄연히 사람이지만 어느새 자동차가 주인이 되어버렸다. 자동차에 맞춰져

서 도시가 만들어지고 운영되어왔다. 그는 2, 3년 동안 어떻게 하면 사
람의 도시, 걷고 싶은 도시로 만들 수 있는지에 관한 연구에 매달렸다고
한다.

마을 만들기 사업의 출발점은 결국 사람이 주인인 도시로부터 출발
하지 않았나 싶다.

2.
도시계획의
패러다임을 바꿔라!

정석 교수가 마을 만들기 연구를 시작했던 것이 1999년이다. 당시 서울시 도시계획과장이 서울시 도시계획의 패러다임을 바꿨으면 좋겠다는 과제를 던져주면서부터다. 더구나 관 주도의 도시계획이 아닌 주민 참여형, 주민주도형 도시계획으로 바꾸는 연구를 해보자는 다소 황당한 서울시의 제안이자 주문이었다. 어디서부터 손을 대야 할지 난감했다. 그래서 시작한 것이 서울을 포함한 전국의 마을 만들기 사례를 찾는 연구였다.

그는 서울과 지방의 여러 도시들의 주민들이 스스로 마을과 도시 전체를 가꾸고 공동체를 이루고자 했던 사례들을 폭넓게 조사하기 시작했다.

그런 사례들이 많이 있었을까 궁금했다.

"많았죠."

의외로 간단한 대답이 시원스러웠다. 워낙 희귀해서 사례들을 찾아다니느라 전국을 헤맸다는 모험담이 펼쳐질 줄 알았는데 뜻밖이었다. 실제 1년 동안 100여 건의 사례를 국내에서 찾았다고 한다. 마을 만들기나 공동체 만들기가 주변에서 일상처럼 벌어지고 있었던 것이다. 사람들의 관심이 없었을 뿐이다.

정석 교수의 답변이 이어진다.

"외국의 사례들, 일본이나 미국이나 유럽의 사례들은 많이 소개돼 있었지만 과연 우리나라에도 이렇게 주민들이 주도적으로 마을 만들기를 했던 사례들이 있을까 솔직히 의구심을 갖고 연구를 시작했습니다. 그런데 일 년 동안 백여 개 이상의 사례를 찾아냈던 겁니다."

이때 아마도 새로운 진로가 보였던 듯싶다. 이 사업이다 싶었을지도 모른다. 갓 연구를 시작한 도시공학도에게는 미지의 세계에 발을 들여놓는 운명적 만남이었는지 모른다.

마을 만들기의 대표적인 사례로 아파트 단지의 공동체 운동이 많았다고 한다. 주민들이 아파트 단지 안에 부족한 주민 공간을 만드는 사례들이 많았는데, 예컨대 주차장의 일부를 주민 공간으로 바꾸는 사례라든지 주민들이 같이 노력해서 아파트 단지 외부 공간을 개선하는 것 등이었다고 한다. 삭막할 것만 같은 아파트에도 사람들의 공동체 삶의 열기가 녹아 있었던 것이다.

3.
담장 하나
허물었을 뿐인데

마을 만들기 사업의 일례로 국내에 널리 알려졌던 대구시 삼덕동 사례를 빼놓을 수 없다. 이 얘기를 꺼내는 정석 교수의 얼굴에 웃음이 가득 번졌다.

단독주택에 살던 한 남자가 자신의 담장을 허물어뜨리는 것으로 이야기는 시작된다. 담장을 허문다는 것은 상상하기 힘든 일이다. 집 안을 다 내보이는 것인데, 사실 어떻게 그런 생각을 했을까 싶다. 그런데 문제가 있었다. 담장을 허물고 싶었던 남자는 정작 집주인이 아니었다. 전세입자였다. 친구의 장인 집에 전세로 들어가서 살고 있었던 것이다.

그렇지만 담장을 허물고 싶다는 생각은 버리지 못했다. 결국 친구의 장인어른인 집주인에게 허락을 받는 작업이 시도됐다. 정석 교수의 말에 의하면, 남자는 집주인에게 술도 사드리는 등 공작을 펼쳤다고 한다.

그 집주인이 물었다. 왜 담장을 허물려고 하느냐고 말이다.

"담이라고 하는 것이 과거에는 방범 기능을 했죠. 그런데 지금은 대부분 담장 곁에 주차를 하기 때문에 차를 딛고 넘어가면 담을 넘는 게 어렵지 않아요. 실제로 대도 조세형은 담장 있는 집이 담장 없는 집보다 더 털기가 쉽다고 털어놨답니다."

집주인은 고개를 끄덕이며 그 남자의 열변을 들었을 것이다.

그 남자의 이야기는 계속된다.

"왜냐하면 담장을 넘어 들어가면 바깥사람들이 보지 못하죠. 그렇지만 담장을 허물고 나면 내부가 다 들여다보여서 오히려 침입하기 더 어렵다는 겁니다. 이것뿐만이 아닙니다. 비록 작은 공간이지만 이 공간을 골목을 향해 열린 공간으로 만든다면 대단히 놀라운 일들이 일어날 수 있을 겁니다."

이런 설득이 주효했던 것일까. 실제로 그는 자기 집 담장을 허물고 그 공간을 아주 놀랍게 활용했다. 처음에는 아이들의 그림 전시장으로, 얼마 뒤에는 인형극 공연장으로 사용했다. 놀라운 변신인 것이다. 개인의 작은 마당이 공연장으로 변신하다니! 전에는 상상조차 하지 못했던 일이다.

이처럼 동네의 작은 공간이 마을의 공간과 공동체 공간, 또 문화의 공간으로 변신하는 데 바로 마을 만들기의 묘미가 있는 것이다. 마술 같은 놀라운 변화를 가져오는 것이 마을 만들기의 힘인 것이다. 듣고 보니 충분히 가능한 얘기였다. 담이 있어야 안전하다는 고정관념의 틀에 갇혀 있다면 생각조차 못할 일이다. 벽을 허물었더니 세계가 달라진 것이다.

정석 교수의 설명을 듣고 한마디 거들었다.

"담장 하나 허물었을 뿐인데 사람들 마음의 벽까지 허물었군요."

정석 교수가 고개를 끄덕였다.

결국 닫힌 개인의 마당이 골목을 향해 열린 '골목정원'으로 변신을 하고, 그것이 계기가 돼서 대구시 대부분의 공공기관과 학교들이 뒤따라 담장을 허물었다.

이 사례는 전국적인 담장 허물기 운동으로 확대됐다. 가만히 주위를 살펴보니 담장이 없다. 각 학교에 철제로 된 울타리가 사라졌고 동사무소 등 공공기관의 담장이 없어지면서 공간이 확 트였다.

물론 부작용도 있을 것이다. 학교 주변 폭력이나 미성년자 성추행 사건이 빈번해지면서 다시 담장을 둘러야 한다는 주장도 있다. 그런데 담장이 생기면 더 숨어서 이루어질 수도 있다. 생각해볼 문제다.

4.
주민들의 꿈이
시작되는 곳

마을 만들기 사업의 사례를 찾는 것에서 시작된 정석 교수의 추적 작업은 결국 인구 1,000만 명이 모여 사는 거대도시 서울을 바꾸는 것으로 이어진다.

그는 현재 서울시 마을공동체위원회 위원이다. 박원순 서울시장의 핵심 공약이 마을공동체 만들기 사업이다. 이 사업을 지원하는 조례를 공포해서 시행하고 있는데, 그렇다면 서울시의 마을 만들기 사업은 무엇일까 궁금해졌다.

그는 박원순 시정의 핵심 키워드가 마을공동체라고 설명했다. 즉, 1,000만 명이 사는 거대도시 서울이 현재 안고 있는 수많은 문제를 풀어내고 미래를 준비하는 모든 일의 출발점이 결국 마을이라는 인식에서 출발한다는 것이다.

'정情'이라는 단어가 생각났다. 그러나 메트로폴리탄 서울과는 도무지 매치가 되지 않는다. 서울에 마을공동체를 회복한다? 주민들이 자신이 사는 동네의 주인으로서, 시민이 서울의 주인으로서 '시민이 서울의 시장이다'라는 캐치프레이즈처럼 주인 역할을 하는 출발점을 마을공동체로 삼고 있다니……. 그럴듯한 말이긴 하지만 과연 가능한 것일까?

서울시가 준비하고 있는 일을 보면 마을공동체지원 조례를 만들고 서울시 행정조직에 마을공동체 행정을 전담하는 팀을 이미 만들었다고 말한다. 가능성이 보였다.

그는 마을공동체 담당관과 마을공동체 행정을 시청과 구청, 그리고 시민들 사이에서 중간역할과 지원역할을 할 수 있는 마을공동체지원센터도 곧 문을 열 것이라고 말했다.

또 한 가지, 마을공동체를 지원하기 위한 다양한 지원 프로그램들도 마련되고 있다고 한다. 과거에는 지방자치단체들이 여러 공모 사업을 많이 벌였다. 시청이나 구청 등에서 일정 부분 예산을 확보하고 시민들에게 마을의 필요한 사업을 제출하라고 일방적으로 내려보내는 식이었다. 이렇게 제안된 사업들을 심사해서 채택된 마을은 일정 비용을 지원해주는 방식이다. 우리가 익히 보아왔던 사업 행태들이다. 이런 공모 사업은 1년 단위로 지원되는데, 이것 역시 지자체의 예산 일정과 맞아 떨어져야 가능했다. 즉, 시기를 놓치면 꼭 필요한 사업도 할 수 없었다는 단점이 있다. 또한 행정상의 복잡한 절차와 시간이 오래 걸린다는 점도 문제였다. 주민들이 의견을 모아 제안하고, 제안된 계획서들을 받아서 심사하고, 채택되면 계획을 세우고, 예산을 집행한 것을 정산하는 등 일

련의 과정을 거쳐야 했다.

1년이라는 시간은 눈 깜짝할 사이에 지나간다. 허겁지겁 일을 하게 되는 것이다. 무엇이든 급하게 서둘러서 완벽하게 처리되는 일은 드물다. 결국 밑바닥에 있는 풀뿌리단체들이 의견을 적극적으로 개진하기 시작했다. 이런 방식은 문제가 많다는 점을 어필한 것이다.

서울시는 조금 다른 방식으로 해보자는 것이다. 배급식이 아니라 뷔페식으로 하자는 것이다. 정해진 기간에 예산 지원을 배급하듯 하지 말고 지원 프로그램은 늘 마련된 상태에서 각 마을마다 필요한 사업들을 뷔페에서 음식 고르듯 선택해서 하자는 것이다. 한결 효율적일 것이다. 서울 시민이 자기네 동네에 필요한 일이 있으면 서울시에 찾아가서 제안을 하고 그러면 항상 만반의 준비가 되어 있는 지원 프로그램을 작동하는 식으로 진행하자는 것이다. 이렇게 바뀌어가고 있는 것이다.

그렇다면 구체적으로 서울시에서는 어떤 지원을 하게 되는 것인가? 행정적 지원과 재정적 지원, 즉 물적이나 인적 지원은 말할 것도 없고 필요한 경우에는 전문가들을 파견해서 도와주기도 하는 것이다. 비용 지원뿐만 아니라 이들에게 필요한 공간도 제공된다.

"마을 문제를 해결하는 방법이 꼭 돈 문제가 전부는 아닌 것 같아요. 제가 주목하는 부분은 필요한 사람, 필요한 장소, 필요한 일들을 적재적소에 제공해서 매칭시켜주는 거죠. 그래서 서울시가 준비하고 있는 지원 프로그램에 이런 부분들이 굉장히 중요하게 포함돼 있습니다."

정석 교수의 말대로 과연 서울시의 이런 노력들이 정말 서울 도심 곳곳에서 벌어지고 있는 것인가?

5.
성미산
마을공동체

서울은 글로벌화된 첨단도시인데, 여기에 마을이라는 단어 접목이 조금 낯선 느낌이 든다고 딴죽을 걸었다. 그러고는 더 이해할 수 있는 사례를 소개해달라고 부탁했다.

정석 교수는 성미산 마을공동체를 소개했다. 그의 설명에 의하면, 성미산 마을공동체는 서울시나 구청에서 전혀 지원하지 않고 주민들이 스스로 만들어낸 마을공동체라는 것이다.

성미산 마을공동체의 출발은 엉뚱한 데서 시작됐다. 바로 아이를 기르는 육아에서 비롯되었다. 많은 가정에서 어린 아이를 키우고 있다. 보육시설이나 유치원에 자녀들을 보내는데 성미산 마을 사람들은 조금 달랐다. 아이들을 보육시설에 보내놓고 그곳에서 생활하는 시간이 과연 건강할까 하는 의문을 가진 것이다. 그 의문은 결국 집단행동으로 이어졌다. 공동육아를 시작한 것이다. 주민들이 모여서 보육시설을 만들고 주민들이 원하는 방식으로 아이들을 키울 수 있게 된 것이다.

그런데 문제가 생겼다. 초등학교 입학할 나이가 됐는데 마을에 초등학교가 없었던 것이다. 학교 때문에 마을을 떠나야 하는 상황이 닥친 것이다. 여기서 주민들의 새로운 꿈이 시작되었다. 바로 주민 손으로 학교를 만들자는 것이었다. 초등학고는 물론이고 중학교와 고등학교까지 만들자는 것이었다.

그렇게 해서 탄생한 것이 성미산학교다. 초중고 과정을 모두 담은 대안학교로 만들어졌다. 이렇게 마을에서 필요로 하는 부분을 주민들 스스로 공동체를 통해 해결했던 것이다.

그밖에 북촌과 인사동, 암사동 서원마을 외에도 자신이 총괄기획으로 참여하고 있는 구로구 온수동 사례도 있다고 했다. 의외로 서울에도 '마을'이 곳곳에 숨어 있었던 것이다.

그 작업을 정석 교수가 하고 있었던 것이다.

6.
마을 만들기 사업은
도시재개발 사업의 대안

서울 곳곳에 이렇듯 마을 만들기 사업을 진행하고 있긴 하지만 서울시, 즉 관에서 주도하는 사업에 과연 시민들이 얼마나 호응하고 따라주는지가 의문이다. 그래서일까. 일부에서는 "마을 만들기 사업에 정작 마을 사람이 없다"는 비판도 한다.

정석 교수의 답이 궁금해졌다.

그는, 서울시가 마을공동체를 위해서 재정 지원을 하게 되는데 결국 재정 지원이라는 것이 약이 될 수도 있고 독이 될 수도 있다고 본다고 말했다. 양면성이 있다는 것이다. 재정을 지원해주니 사사건건 마을 사업에 관여하려 들고 지시를 내리려 할 수 있다는 점을 염두에 둔 것이다.

재정 지원의 방법도 생각보다 간단하지는 않았다. 큰 규모의 돈이 오가는 것이니 그럴 수밖에 없을 것이다. 즉, 얼마의 예산을, 누구에게, 언제 지원해줄 것인가가 초미의 관심사로 떠오르게 된다. 자칫하면 눈먼 돈이 돼서 엉뚱하게 집행되고 줄줄 새어나갈 수도 있는 민감한 문제다.

해법은 예산을 감시하는 눈을 많이 열어두는 것이었다. 서울시는 다른 지자체와 달리 마을공동체 행정을 준비하는 과정을 모두에게 공개했다. 공무원들만 참여하는 것이 아니라 각 지역에서 활동해온 풀뿌리 활동가를 참여시킨 것이다.

이들 풀뿌리 활동가 100여 명이 자체적으로 모임을 만들고 인터넷 카페나 페이스북에 그룹을 만들어서 모든 사업 과정에 참여한다. 마을 공동체지원센터를 디자인하는 과정에도 이들이 참여하고 있다.

정석 교수의 설명이다.

"문제는 거버넌스Governance인데 서울시가 주도하고 시민단체나 시민들은 그저 따라오는 방식이 아니고 마을공동체를 준비하는 작업부터 적극적으로 민과 관이 같이 거버넌스를 이루면서 하는 방식들을 채택, 진행하기 때문에 이전과 같은 시행착오는 줄어들 것이라고 봅니다."

그러나 문제는 또 발생한다. 사공이 많으면 배가 산으로 간다고 했다. 하긴 요즘은 사공이 많으면 빨리 간다고 하지만 배가 빨리 가느냐, 아니면 엉뚱한 곳으로 흘러가느냐의 관건은 결국 사공들의 자질과 함께 사공을 이끄는 리더의 역할에 달린 것이다.

정석 교수도 이를 인정했다. 행정의 속성상 한계가 있다고 말한 것이다. 관료집단은 공무를 내 일처럼 달려들어서 하려고 하지 않는다. 모든 일에 행정 절차와 법규를 꼼꼼히 따진다. 뒤탈이 없게 하기 위함이다. 맞는 행정처리 방법이다. 그러나 급한 민원인들에게는 답답할 수도 있

다. 일이 더디게 진행된다. 이 부분은 공무원들도 노력해야 할 문제겠지
만 시민들 역시 끊임없이 감시하고 견제해야 할 문제라고 정석 교수는
덧붙였다.

마을 만들기가 도시재개발 사업의 대안이 될 수 있는가에 대한 의문
을 갖는 사람도 있지 않느냐고 물었다. 성북구 장수마을이 주거환경관
리사업구역으로 지정된 것이 그런 의문을 낳게 한 배경이었다.

"저는 오히려 지금까지 우리나라 도시에서 진행됐던 재개발이나 뉴
타운이라고 하는 것이 대단히 비정상적인 방식이었다고 봅니다."

지금까지 벌어졌던 재개발 사업 전부를 부정하는 말이다. 정상이 아
니었다는 말이다.

다른 어느 선진국에서도 이런 방법은 쓰지 않는다고 했다. 우리나라
에서만 특별하게 썼던 방식이고 그러다 보니 건강하지도 않았고 지속
가능하지도 않은 방법이었다는 것이다.

앞서 언급했던 용산참사가 다시 떠올랐다.

"그 방법이 한계에 다다라서 사업성이 없고 이제는 주민들도 그런 방
식을 원하지 않습니다. 다가구 주택을 갖고 있는 주민들이 재개발을 했
을 경우 30평형 아파트를 갖는 것을 과거에는 원했지만 지금은 원치 않
습니다."

그렇다면 재개발 사업의 대안으로 마을 만들기 사업이 유일한 대안
이 되는 것인가?

그러나 확신보다는 가능성을 열어두자는 것으로 그의 대답이 이어졌
다. 재개발방식이 더 이상 실효성을 갖지 못하는 상황에서 마을공동체

방식이 새로운 선택 가능한 대안이긴 하다. 그러나 모든 문제를 일시에 다 해결하는 만능 해법이라고는 자신할 수 없다는 것이다. 마을 만들기 사업의 전도사에게서 의외의 답이 나온 것이다. 순간 나도 멈칫했다.

그럼 자신 없는 사업을 밀어붙이고 있다는 것인가?

"다만 재개발과 재건축, 뉴타운 사업이 아닌 또 다른 것으로 우리가 선택할 수 있는 건강한 대안 중의 하나라는 점은 분명합니다."

그렇다. 100퍼센트 확신할 수 있는 것은 없다. 더구나 수백, 수천 명의 주민들이 모여서 새로운 마을을 만들어내는 과정이 어디 말처럼 쉬운 것이겠는가. 찬성과 반대, 그리고 무관심 속에 하나의 사업을 집행하기란 정말 어렵고도 지난한 작업인 것이다. 재개발과 재건축 사업이 벌어지는 와중에 마을 만들기가 완벽한 프로젝트는 아니다. 그러나 정석 교수의 말처럼 선택 가능한, 건강한 대안의 하나임에는 틀림없어 보였다. 자기가 사는 마을을 훈훈한 정이 흐르는 곳으로 만들어보자는데 누가 이견을 달겠는가.

내친 김에 중계동 백사마을에 대한 서울시의 주택재개발정비계획 변경 안이 결정됐는데 그 의미와 배경은 무엇인지도 물었다.

"중계동 백사마을은 60년대, 70년대에 서울의 도심부에 재개발로 철거된 분들이 이주해서 만들어진 마을입니다. 지금까지 40여 년 동안 서민들이 터를 잡고 살아온 오래된 동네인데, 당초에는 이렇게 오래된 동네 대부분이 재개발·재건축으로 철거당하고 번듯한 새 아파트 단지로 바뀌는 계획으로 추진됐다가 최근에 마을 일부를 원형 그대로 남겨두자는 목소리가 나왔습니다. 골목길도 남겨두고 집도 남겨두고 물론 집들

중 일부는 개보수도 하고 리모델링도 하고 또 새로 짓는 경우도 있을 겁니다만, 어쨌든 우리가 살았던 과거의 흔적이 기억 속에 남아 있는 마을 공간을 상당 부분 그대로 두자는 것이었죠.”

아마 마을 어디엔가는 고층 아파트가 들어설 것이다. 그러나 이른바 보존형 재개발을 통해 옛 마을의 흔적도 남기고 한편에서는 재개발도 하는 방식이다. LH공사에서 사업을 주도하고 있다.

정석 교수는 이 방식에 상당한 의미를 부여했다. 전면 철거하고 새롭게 바꾸는 방식에서 부분적으로 남겨둘 곳은 남겨둬서 개발과 조화를 이루는 방식이라는 점에서 서울시의 새로운 사례가 될 것으로 보인다. 어떤 모습으로 재단장이 될지 모두의 관심이 쏠려 있다고 하겠다.

7.
성공한 학자, 성공한 정책 실행자

정석 교수는 앞서 언급했듯이 도시계획학과 교수다. 사실, 대부분의 대학 교수는 이론적으로만 해박하다. 자신의 연구를 저작물이나 강단에서 행하는 것으로 그칠 뿐 실생활에 응용해서 접목시키는 경우는 그리 많지 않다. 그런 면에서 정석 교수는 성공한 학자였고 추진력과 실행력까지 고루 갖춘, 보기 드문 브레인이었다.

살기 좋은 도시를 만드는 것이 그의 전문 분야다. 그렇다면 과연 사람이 살기 좋은 도시, 사람이 살기 좋은 마을은 어떤 곳일까?

"글쎄요. 저는 '좋은 도시가 어느 도시인가?'라고 학생들에게 질문을 하기도 하고 제가 질문을 받기도 합니다만……. 정말 좋은 도시를 꿈꾸는 시민이 살고 있는 도시, 정말 좋은 도시의 꿈을 이루기 위해서 팔 걷고 나서는 시민들이 살고 있는 도시다, 이렇게 답변을 하고 싶습니다."

자기가 사는 동네에 무슨 일이 벌어지고 있는지 관심조차 없는 주민들이 많다. 나 역시 뜨끔했다. 그러면서 내가 사는 동네에 대한 불만은 넘쳐난다. '왜 우리 아파트는 관리비가 다른 아파트에 비해 비싼가?', 혹은 '왜 우리 아파트 주차장은 늘 좁은가?' 하는 식으로 말이다. 우리 아파트의 관리소장이 누구인지, 동 대표는 누구인지 아는가?

'시장이 시민이다'라는 박원순 시장의 캐치프레이즈에 공감하는 이유도 거기 있다고 덧붙였다. 정말 좋은 도시는 좋은 시장을 뽑는다고 해서 하루아침에 뚝딱 이뤄지지 않는다고도 했다. 시장보다 더 중요한 것이 바로 시정이다. 즉, 도시정책의 큰 그림이다.

그래서 시장보다는 우선 좋은 시정이 있어야 하고 그 시정을 실천해야만 비로소 좋은 도시가 될 수 있다는 것이다. 그리고 좋은 시장, 좋은 시정보다도 더 중요한 것은 바로 좋은 시민이라고 그는 말했다.

좋은 시민이란 무엇인가? 좋은 시장이나 시정은 이해가 됐지만 좋은 시민의 자격은 무엇일까?

"우리 시민들은 다 자기 분야의 전문가들 아닙니까? 제각기 재능과 능력들을 갖고 있습니다. 그 능력을 직장에서만 발휘하지 말고 지역과 마을에서, 그리고 시를 위해서 조금씩만 나눈다면 아마 그 순간 우리 시는 좋은 도시가 될 것이라고 생각합니다."

정석 교수는 외모가 황우석 교수와 많이 닮았다. 그런 얘기를 학생들에게 종종 듣는다고 했다. 제자들 중에는 영화배우 안성기 씨를 닮았다고 한다며 웃었다. 안성기 씨보다 좋은 목소리를 지녔다.

학점은 후하게 주는 편이냐고 물었다. 전혀 그렇지 않다고 했다. 단

호한 대답에 내가 놀랐다. 물렁한 교수는 아닌 듯했다. 어쩌면 이런 결단력이 오늘의 성공을 가져다준 원천이 아닐까 싶었다. 만면에 웃음을 가득 띠고 있는 사람 좋은 인상이지만 막상 현업에 들어갔을 때 웃음기를 싹 감추고 놀라운 집중력과 카리스마를 발휘할 것 같다는 느낌이 들었다.

마지막으로 향후 계획을 물었다.

"언젠가 기회가 되면 시골에 가서 시골마을 만들기를 재미있게, 신 나게 하고 싶습니다. 제가 사물놀이를 배운 지 1년 반인데요. 시골에 가면 마을마다 풍물패들이 있죠. 명절 되면 같이 연주도 하고 재미있게 살 수 있는 공동체마을이 서울도 필요하지만, 사람들이 다 빠져나가서 썰렁해진 시골마을을 살려내는 것도 필요합니다. 그게 저의 꿈입니다. 시골의 마을공동체가 다시 살아나는 것이 저의 바람입니다."

마을이라는 단어가 친근한 우리 농촌에 정작 마을 자체는 사라지고 있다는 사실을 그제야 깨달았다. 그리고 그 사라진 농촌마을에 언젠가 정석이라는 이름이 다시 등장할 것이라는 확신도 생겼다.

Chapter 3

박근혜노믹스의 핵심, '창조경제' 란?

_ 한국금융연구원 윤창현 원장

- 서울대 물리학과, 경제학과
- 미 시카고대 경제학 박사
- 명지대 경영무역학부 교수 역임
- 서울시립대 경영학부 교수 역임
- 현 한국금융연구원 원장
- 동반성장위원회 위원 역임
- 현 대통령직속 국가경쟁력강화위원회 위원
- 현 금융산업발전심의위 글로벌 금융분과위원장

1.
부동산이
문제다

1,000조 원에 육박하는 가계부채 문제가 국민행복 시대를 열어갈 박근혜 정부의 걸림돌이 되고 있다. 이 많은 가계의 빚을 어떻게 해결해야 할 것인가? 가계부채 현황과 해법 등에 대해 알아보도록 하자.

서울시립대 경제학과 교수에서 한국금융연구원 원장으로 변신한 윤창현 원장을 만났다.

한국금융연구원은 지난 1991년 국내 최초로 금융 전문 연구기관으로 설립되었다. 그동안 국내 최고 수준의 연구진 노력으로 우리나라 금융 산업의 발전을 위한 정책 연구 및 금융기관의 경쟁력 제고를 위한 현장 연구 등을 통해 국내 최대 종합 금융 전문 연구기관으로 성장했다. 특히 심도 있는 장단기 연구를 통해서 미래지향적인 금융정책 방안을 모색하고 있으며, 우리나라 금융 산업의 발전을 위한 구체적 전략과 실현 가능한 방안을 찾기 위해 많은 노력을 기울이고 있는 곳이다. 또한 국제금융의 질서 흐름에 맞춰 주요 금융 현안과 전문용어 그리고 국제 금융 관련 이슈 등에 대한 일반인들의 이해를 높이고 궁금증을 풀어주기 위한 역할을 대폭 강화하고 있다.

우선 1,000조 원에 육박하는 가계부채의 현황부터 물었다.

"959조까지 올랐습니다. 굉장히 큰 규모인데요. 우리나라 GDP가 1,200조 원인데 국내총생산보다는 작지만 그래도 그에 상당히 육박하는 수준입니다. 그래서 걱정이 된다는 얘기도 가능하죠."

그나마 국내총생산보다는 빚이 적은 편이지만 안심할 수준이 아니다. 그대로 방치했다가는 국내총생산을 능가할지도 모른다. 개인이나 국가나 빚이 많다는 것은 분명 바람직하지 않다. 벌어들이는 수입이 적어져서 그런 것인가, 아니면 수입 규모에 비해 씀씀이가 커진 것이 원인인가?

1,000조 원에 육박하는 가계부채를 꼼꼼히 살펴볼 필요가 있다. 959조 원 가운데 소득 하위 40퍼센트가 진 빚은 140조 원이다. 이 가운데 생활비와 전월세 보증금 등 다른 빚을 갚기 위해 진 빚이 88조 원가량이다. 2010년 75조 원에서 2년 사이에 13조 원이 증가했다. 먹고살기 위해 진 빚이 가구당 181만 원씩 늘어난 셈이다. 소득 하위 20퍼센트의 저소득층 경우, 부채가 연소득의 8배를 넘는다고 한다. 소득이 적어서 먹고살기 위해 빚을 내고 그 빚을 갚기 위해 다시 빚을 내야 하는 빚의 악순환에 빠져 있는 것이다. 결국 이들은 아무리 열심히 일을 해도 빚에서 벗어날 수 없는 구조에 있는 것이다. 이들에게는 도움의 손길이 필요할

것이다. 그대로 방치했다가는 결국 최악의 선택만이 있을 뿐이다. 그래서 나온 것이 박근혜 정부의 18조 원 규모의 국민행복기금이다. 이것이 도움이 될 것인가?

"도움이 되죠. 우선 어떤 이들을 도와줄 것이냐, 일단 신용불량자가 될 겁니다. 금융채무불이행자로 분류가 된 이들, 조금 심하게 표현하자면 빨간 도장이 찍힌 이들인데 이들을 대상으로 재활을 유도하는 쪽으로 가자는 겁니다. 그래서 그들의 빚을 사들여 약정을 한 후에 일정 부분 갚으면 빚을 탕감시켜주는, 탕감이라는 것이 노력 없이 그냥 해주는 것이 아니라 노력을 전제로 해서 빚을 없애주면 이들한테서는 신용불량자 내지 금융채무불이행자라는 딱지가 떨어집니다. 그러면 그 상태에서 다시 한 번 재기를 할 수 있는 발판이 생기는 거죠. 그래서 가장 어렵고 힘든 상태에 있는 사람을 우선 선별해보면 320만 명 정도 되는데, 이들을 지원하자는 겁니다. 이렇게 해서 국민행복기금 18조 원을 중점적으로 집행하자는 겁니다. 대학생 중에 학자금대출 받았다가 부실화된 이들을 도와주는 프로그램도 포함되어 있구요. 이 부분을 준비하고 있습니다. 기본적으로 아무것도 안 했는데 탕감해주고 이건 절대 아닙니다. 그래서 이 부분이 가장 어려운 이들, 힘든 이들한테는 꽤 도움이 될 것이라고 지적할 수 있습니다."

박근혜 대통령은 중산층 70퍼센트의 복원을 약속했다. 중산층을 복원하며 국민행복 시대를 열겠다고 공약했다. 자영업자들이 서민층에서 중산층으로 한 단계 올라서야 한다는 지상 과제를 안고 출발했다. 정부조직법 난항으로 내각 구성이 늦어지면서 산뜻한 출발을 하지 못하고 있다. 새 정부 최초 100일, 그리고 1년 동안 대통령의 국정 드라이브에 힘을 실어줘야 한다는 측면에서 불안스럽기만 하다. 그럴 수밖에 없는 것이 자영업의 몰락은 이미 징후를 나타내고 있기 때문이다.

"퇴직하면서 마땅히 할 것이 없다 보니까 대개 식당 같은 업종에 진출합니다. 이렇게 도소매업 등의 분야로 진출한 자영업자가 모두 합쳐 550만 명이나 되는 것이 문제인데요. 게다가 무급가족종사자라고 해서 돈을 안 받고 도와주는 부인이나 자식 등도 110만 명이나 됩니다. 이들을 포함해서 거의 700만여 명이 자영업에 종사하고 있습니다. 그런데 이들이 굉장히 어렵습니다."

지난해까지만 해도 급증 추세를 보이던 자영업자수가 2013년 1월에 전년 동월 대비 21,000명 줄었다. 18개월 만에 감소세로 돌아선 것이다. 무급가족종사자도 54,000명이나 줄었다. 이 줄어든 숫자는 무엇을 의미하는 것일까?

정부 관계자는 "지난해까지 자영업자수가 늘었던 것은 주로 도소매, 음식·숙박업종의 창업이 늘었기 때문인데 최근 이 분야의 창업이 줄고 있다"며 "경기침체가 예상보다 길어지는 데다 도소매, 음식·숙박, 농림·어업 등의 자영업은 경쟁이 치열해 폐업하는 사람도 많이 늘고 있는 것 같다"고 밝혔다.

즉, 경기침체 여파로 신규 개업하는 자영업자보다 폐업하는 자영업자가 늘었다는 것이다. 그래서 자영업이 일자리 창출과 퇴직자 노후 대책의 돌파구가 아니라 가계부실과 중산층 붕괴의 뇌관이 되고 있다는 지적이 나오고 있다. 자영업 금융부채가 360조 원에 이르고 있다는 통계도 있다. 이들이 가게 문을 닫으면 곧바로 빈곤층으로 전락하게 된다. 그나마 한 채 소유하고 있는 집값이라도 올라줘야 할 텐데, 그렇지도 못한 실정이다.

왜 이렇게 가계 빚이 늘어나게 된 걸까?

"부동산이 올라가다가 떨어진 것이 원인이 되겠죠. 다들 잘못했다 하는 이도 많이 있겠지만 부동산값이 계속 올라갔으면 이렇게 문제가 안됐을 수도 있을 텐데요. 부동산값이 올라가니까 서둘러 집을 샀다가 집값이 떨어지니깐 빚만 남고 집값은 더 떨어져버려 부담이 가중된 것이 큰 원인이라고 볼 수 있습니다."

중산층을 복원하는 길은 역시 경제를 살리는 것에서부터 시작해야 할 것이다. 경제부흥을 통해 좋은 일자리를 많이 창출하고 소득을 늘려 빚을 줄여나가도록 하는 복합적인 정책으로 접근해야 한다. 정부에서 세금으로 빚을 탕감해주는 것이 아니라, 소득을 늘려 자신의 능력으로 빚을 줄이는 것이 해법이다. 그러나 최근의 경제 사정은 중산층 복원이 과연 가능할 것인가에 회의감을 들게 한다. 장기 불황 국면에 접어든 데다 저성장 기조가 고착화되면서 위기 징후가 점점 두드러지게 나타나고 있기 때문이다.

1,000조 원에 육박하는 빚의 크기도 문제지만 빚이 늘어나는 속도도 잘 살펴봐야 할 것이다.

"조금 둔화되고 있습니다. 통계를 보면 2007년에서 2011년까지 1년에 5~6퍼센트씩 늘어났는데 지금은 2퍼센트대로 줄었습니다. 상승 속도가 가파르게 올라가다가 좀 줄었다는 얘기죠. 물론 기울기는 꺾였지만 액수는 여전히 증가하고 있습니다. 물론 증가하는 속도가 줄었다 이 거죠. 여기에 정부의 노력이 많이 작용했다고 볼 수 있습니다. 하지만 속도만 줄여야 할 게 아니라 양도 줄여야 할 때가 왔는데 그게 그렇게 간단한 문제가 아니거든요. 갚아야만 줄어드는데 집이 팔려야 갚을 수 있기 때문입니다. 그런 면에서 빚을 갚도록 유도를 하되, 현재 상태를 계속 유지할 수 있도록 하는 그런 조치들, 즉 빚이 더 이상 안 늘어나고 당분간 유지되다가 서서히 줄어드는 그런 모습, 이런 것들이 앞으로의 과제라고 볼 수 있겠죠."

그렇다면 18조원이라는 기금 규모는 320만 명이라는 숫자에 맞춰서 나온 것일까?

"한국자산관리공사에서 동원 가능한 닳은 재원을 다 끌어모으면 1조 8천억 원이 되는데, 이것을 기금으로 회사를 하나 만들어서 이 1조 8천억 원의 열 배에 달하는 돈을 빌리자는 거죠. 일단 동원 가능한 재원을 전제로 출범하되, 추후 봐가면서 조정해보자는 건데요. 어찌 보면 많을 수록 좋겠지만 현재로선 동원 가능한 것을 1차적으로 놓고 산출한 금액이라고 보면 되겠습니다."

18조 원 규모의 국민행복기금은 빚더미에 허덕이는 취약계층의 원리금을 감면해주는 데 사용될 예정이다. 빚을 제때 갚지 못한 채무불이행자의 대출금을 최대 50~70퍼센트까지 깎아주고 고금리대출을 저금리 장기상환대출로 바꿔줄 계획이다.

2.
도덕적 해이는
어떻게 막을 것인가?

아무것도 안 하는 사람의 빚을 탕감해주는 것은 아니라고 지적했지만, 그래도 빚이라는 게 결국 자기가 쓴 돈이므로 왜 남이 갚아줘야 하는가 하는 근본적인 문제 제기가 꼬리를 문다. 도덕적 해이를 막을 수 있는 방안도 마련돼야 할 것이다.

"가계부채 문제를 볼 때마다 가장 어려운 문제가 이 부분입니다. 사실, 주위에 너무도 힘든 이들이 많거든요. 그러면 저 빚을 그냥 없애주면 최고로 좋겠다 생각할 수 있는데, 문제는 그들 빚을 탕감해주면 다른 이들이 동요합니다. 그리고 이거 안 갚아도 되는 거 아니냐 이렇게 될 수도 있다는 거죠. 그것을 우리가 학문적인 용어로 모럴해저드라고 하는데 모럴해저드가 별것이 아닙니다. 안 갚아도 된다는 생각이 든다는 것, 이게 모럴해저드입니다. 그렇기 때문에 도와준다는 것도 어디까지나 최선을 다했음에도 안 되는 경우 약간 도와주는 것이지, 자활적 요소를 배제한 채 가계부채 해결을 자선적으로 무조건 도움을 통해 해결하겠다고 나섰다가는 당장 그들에게는 도움이 될지 모르겠지만 다른 사람들을 동요시켜서 국가 전체적으로 엄청난 재앙을 불러올 수 있다는 것이죠. 그렇기 때문에 모럴해저드가 유도되지 않도록 조심해야 합니다. 안 갚아도 된다는 의식을 갖지 않도록 굉장히 신중하게 도와줘야 한다고 볼 수 있겠죠."

광범위한 의미에서 정부 재정으로 개인의 빚을 갚아주는 셈이다. 만일 기금 운영이 부실화하면 재정부담은 더 늘어날 것이다. 즉, 그나마 빚의 원금을 줄이고 이자도 낮춰줬음에도 이마저도 제대로 갚지 못하는 사람이 생길 수도 있다. 또 다른 뭔가를 기대하는 심리도 생겨날 수 있다.

시장경제 원리로 해결할 수 없을 만큼 가계부채가 심각해져 정부가 나설 수밖에 없게 된 것은 이해가 된다. 그러나 빚을 성실하게 갚은 사람과의 형평성 시비가 불거질 수 있다. 더 큰 문제는 모럴해저드다. '빚을 못 갚으면 결국 정부가 해결해줄 것'이라는 도덕적 해이다. 벌써부터 금융회사 일선 창구에 빚상환을 미루는 사람이 늘고 있다고 한다.

도덕적 해이를 막을 수 있는 제도적 장치의 마련이 필요해 보인다.

"기본적으로 빚을 누구한테 졌느냐가 문제인데요. 금융기관에서 빌렸잖아요. 금융기관과 당사자가 일단 서로 합의를 해야만 새로운 프로그램이 작동하고 도움이 들어가는 거죠. 그렇기 때문에 당사자 간 합의 과정에서 많은 정보가 서로 노출이 되고 정말 힘들다는 것이 금융기관에서 인정되어야만 들어갈 수 있는 거지, 그전에 힘들다고 도와주고 하다가는 다른 부작용이 굉장히 커질 수 있다는 거죠."

최근 부동산 가격 하락에 따른 경기 위축과 가계부채 문제를 선제 대응하려면 기준금리를 인하해야 한다는 목소리가 높다. 가계부채 부담 완화를 위해 한국은행 금융통화위원회가 기준금리를 내려야 한다는 지적이다. 한국은행이 2012년 말부터 올해 초까지 4개월째 기준금리를 동결하면서 시장에서는 "한국은행의 기준금리정책은 실기하고 있다"는 비판이 잇따르고 있다. 이에 대해 대내외 경기 여건이 추가 악화될 가능성이 작은 데다 국내경제도 완만한 회복세를 보이고 있어 추가 기준금리를 인하할 필요가 없다는 주장도 나오고 있다.

기준금리 인하론자들은 박근혜 정부가 임기 초 전방위적인 경기부양책을 내놓을 가능성이 크기 때문에 가계부채나 부동산 경기침체 문제에 가장 효과적인 기준금리 인하를 주문할 가능성이 크다는 견해다. 특히 올해 1월 소비자물가 상승률이 지난해 같은 기간보다 1.5퍼센트 증가에 그쳤고 생산자물가도 1.2퍼센트 떨어져 3개월 연속 하락세를 보이고 있어 기준금리 인하에 걸림돌이 없다는 것이다. 박근혜 정부의 중산층 복원을 위한 내수활성화를 위해서는 금리를 내려 시장에 유동성을 대거 푸는 방법이 가장 효과적이기 때문에 연내 두세 차례 기준금리를 인하할 가능성이 크다는 것이 인하론자들의 주장이다. 이런 이유로 많은 경제 전문가는, 가계부채 문제 해소를 위해 새 정부가 조만간 기준금리를 인하할 가능성이 크다고 보고 있다.

이에 대해 반대론자들은 한국은행이 추가적인 기준금리 인하에 나서려면 그만큼 대내외 경기 여건이 악화되어야 하는데, 세계경제나 국내

경제가 완만한 회복세를 보이고 있어 명분이 약하다고 말한다.

"가계부채 문제 해결의 가장 좋은 방법은 집값이 조금 올라주는 겁니다. 조금만 올라주면 거래가 잘되면서 거래량이 뒷받침될 겁니다. 그러면 집을 팔아서 빚을 갚을 수 있게 되거든요. 현재 제일 어려운 게 부동산이 너무 침체돼 있고 거래가 안 되고 있기 때문에 가계부채 조정이 안 된다는 것이죠. 그래서 지금 언급한 기준금리 문제도 경기부양적 관점과 함께 부동산 가격의 아주 가파른 상승이 아니라 완만한 상승을 통한 거래의 활성화, 세금 등에 맞춰서 조정해주어야 합니다. 그러면서 부동산 가격이 올라가주면 일부 사는 사람도 생기고 거래량이 늘어나면서 적절하게 조정이 되는 여지가 생깁니다. 따라서 기준금리 문제도 경기 침체와 부동산 가격을 통한 거래량의 확보, 그 부분에 초점을 맞춰야 한다 이렇게 볼 수 있겠죠."

지금 건설 경기는 IMF 이후 최악이라고 하던데 금융 분야 대책도 중요하겠지만, 실물경제 분야 대책 등과도 유기적 조화가 필요하지 않겠냐고 물었다.

"우리나라 경제가 2012년 잠재성장률을 밑도는 성장률을 기록했는데 올해도 잠재성장률이 밑으로 떨어지면 2년 연속 잠재성장률에 못 미치게 되면서 잠재성장률 자체가 하락할 것이라는 예측이 자꾸만 나오고 있어요. 2년 연속 잠재성장률 이하는 아주 안 좋은 건데요. 준비를 많이 했다가 하반기에 경기가 살아나면 상관없는데 만일 경제가 활성화되지 않는 경우 정부가 집중적으로 부양책을 실시해야 할 때가 온 게 아니냐, 하는 느낌입니다. 그런 의미에서 가계부채 문제도 이런 실물과 금융의 역할을 보면서 유기적으로 잘 조화시켜 움직여야 될 때다, 이렇게 볼 수 있겠죠."

박근혜 정부는 올 상반기에 재정의 60퍼센트를 조기집행하겠다는 방침이다. 이전 정부에서도 '상저하고上低下高'의 경제 상황에 맞춰 상반기 재정을 조기집행하는 것을 계속해왔던 것이다.

"우선 성장률이 상저하고가 예측이 되거든요. 상저하고 상태에서 어려울 때 많이 집행해 띄워주고 여세를 몰아 하반기에 좀 좋아지도록 유도를 해보자는 것인데, 제가 아까 말씀드린 대로 상반기에 그런 방법을 통해 부양에 가까운 정책을 썼는데 하반기에도 크게 개선되지 않는다면 조금 더 강하게 들어가야 합니다. 그중 중요한 것이 금리인하라든가 완화된 통화정책 같은 것도 생각을 하고 있어야 하는 게 아니냐, 그래서 준비를 좀 하고 있어야 한다는 거죠."

현 정부도 올해 예산의 60퍼센트인 170조 원을 상반기 내에 차질 없이 집행하겠다는 계획이다. 예산의 조기집행은 어떤 효과를 가져오는 것인가?

건설 부문의 예를 살펴보자. 조달청이 밝힌 공공 부문 발주 계획에 따르면 올해 국가기관 및 지방자치단체, 공기업 등 공공기관은 지난해보다 7.9퍼센트 증가한 24조 9,452억 원 상당의 시설 공사를 집행한다. 신규 공사 발주금액은 18조 9,254억 원이다. 지난해 15조 8,422억 원보다 3조원 가까이 늘어난 것인데, 침체된 건설시장에 활기를 불어 넣을 것으로 기대하고 있다. 이를 제외한 나머지 6조 198억 원은 장기계속의 공사로 집행한다. 발주 기관별로는 국토해양부가 유일하게 1조 원을 넘

는 3조 6,275억 원으로 전년에 이어 수위를 지켰고, 7,163억 원의 서울
특별시, 6,423억 원의 농촌진흥청, 6,244억 원의 경기도 등이 뒤를 이었
다. 조달청은 이번에 공표한 집행 계획을 바탕으로 재정 조기집행 목표
에 따라올 상반기 전체 공사의 81퍼센트인 10조 7,389억 원 상당을 발
주할 계획이다. 재정 조기집행을 통해 건설 경기에 활력을 불어 넣을 수
있도록 집행 계획대로 발주가 이뤄지게 각급 수요기관을 지원한다는 계
획이다. 새롭게 시작되는 정부 발주 공사가 많아지면서 건설 경기에 온
기를 줄 수 있을 것이라는 기대가 커지고 있다.

3.
돈이 돌도록 유도해야 한다

가계대출에서 주택담보대출이 차지하는 비중이 상당히 높은데 여기에 따른 맞춤형 대응은 어떤 것들이 있을까?

"주택담보대출이 470조 원 정도 됩니다. 거의 500조 가까이 됩니다. 참고해야 할 부분은 미국에서도 썼던 정책입니다. 예를 들어 빚을 못 갚으면 주택이 압류가 되고 압류된 주택을 팔지요. 그렇게 매물이 시장에 쏟아져 나오면 집값이 또 떨어져버립니다. 바로 이것을 방지해야 합니다. 미국에서도 압류된 주택을 내놓지 않도록 하는 조치들을 많이 시행했습니다. 그중 하나가 은행이 임대사업자가 되는 방법이죠. 금융기관이 그 압류된 주택을 원래 집주인이었던 사람에게 다시 임대를 해주는 형태로 해서 그 집이 매물화되지 않도록 하는 방법, 우리도 그것을 써야 할 겁니다. 지분 일부 매입제도가 그것이거든요. 그래서 비록 빚을 못

갚은 집이 압류되더라도 부동산시장에 매물로 나오지 않도록 하는 어떤 장치가 필요합니다."

언뜻 세일즈 앤 리스백Sales & Lease Back 제도와 흡사하다는 느낌이 들었다.

"그것도 비슷한데 지분 일부 매입제도는 100퍼센트가 아닌 일부만 세일즈 앤 리스백으로 두고, 일부 지분은 원래 주인에게 귀속되도록 하는 방법입니다. 그런 방법을 통해서 압류된 주택이 부동산시장에 매물로만 나오지 않아도 주택 가격은 유지가 되거든요. 부득이하게 매물로 나오면 가격이 떨어지니까 떨어지지 않도록 하는 수많은 정책이 필요한데, 그러한 것들이 지금 준비된 정책들이라고 할 수 있겠죠."

새 정부의 하우스푸어 대책은 보유주택 지분매각제도로 요약할 수 있겠다. 하우스푸어가 소유한 주택의 지분 일부를 공공기관에 팔고 이 지분에 대해 임대료를 내며 계속 거주하는 제도다. 그런데 이 제도 역시 정부재정을 투입할 수도 있게 된다. 집값 하락에 따른 재정투입은 선례를 찾기 힘들다는 점에서 논란이 일 것으로 보인다. 그만큼 도덕적 해이 등 부작용이 크게 생길 수 있다는 것이다. 이번 적용 대상자는 경락가율, 즉 주택을 경매로 넘겨서 돈을 건지는 비율이 주택담보대출비율을 초과하는 하우스푸어에게만 해당된다. 이들은 줄잡아 최대 19만 명에 달한다. 앞서 언급했듯 이 역시 개인의 판단착오에 대한 정부재정의 투입이라는 점에서 논란이 일 수 있다. A아파트를 재테크 차원에서 매입했다가 막상 가격이 떨어지자 그 투자 실패에 대한 손실분을 나랏돈으로 막겠다는 것이다. 재테크나 투기 실패를 정부가 지원해주는 꼴이 될 수 있다. 그나마 금융위원회는 투자자에게 책임을 물리기 위해 채권자와 채무자가 손실을 분담하는 방안을 마련했다.

렌트푸어 대책인 '목돈 안 드는 전세제도'는 연소득 5,000만 원 이하의 소득자 중 일정 금액 이하의 세입자를 위한 지원책이다. 집주인이 전세보증금에 달하는 금액을 본인의 주택담보대출로 조달하고 대출금 이자는 세입자가 내는 방식이다. 그런데 지금처럼 전세 수요가 넘치는 상황에서 어떤 집주인이 세입자를 위해 집을 담보로 대출을 받겠냐는 것이다. 실효성의 문제가 대두되는 것이다. 정부는 집주인에게 소득공제와 함께 재산세 감면 등 세제혜택을 주는 방안을 검토하고 있다고 하지만 역시 커다란 유인책은 되지 못할 것이라는 전망이다.

여러 번 강조하지만 가계부채 문제 해결의 가장 바람직한 방향은 개인소득이 늘어나서 자기 힘으로 빚을 갚는 것이다. 취약한 가계부채 구조 개선을 위해서 어떤 대책들이 필요할까 물었다.

"사실, 구조가 안 좋은 것이 다중채무자들, 즉 여러 군데 빚이 많은 이들입니다. 자영업자나 저소득층, 고령자 등 이른바 워킹푸어가 꽤 많고요. 대부업에도 250만 명 정도가 돈을 빌리고 있습니다. 지금 가장 좋은 것은 집값이 서서히 올라주면서 거래량이 늘어나 해결해주는 것, 자영업의 경우 경기가 약간 좋아지면서 적당하게 정리할 수 있는 쪽으로 유도하는 것입니다. 지금 저성장 저금리 기조가 우리나라에게 제일 숙제가 될 것 같아요. 성장률이 낮아지고 집값 떨어지니깐 거래가 안 되고 자영업이 안 돼서 다 힘든 것이거든요. 역시 가장 좋은 것은 창조경제를 통해 경기를 정상화시켜서 부드럽고 따뜻하게 돈이 돌도록 유도하는 것입니다. 이것이 또 궁극적으로 가계부처 해결의 가장 좋은 보약 같은 정책이라고 봅니다. 이런 면에서 가계부채 문제 자체를 해결하기 위해 정책을 집중하는 것보다 가계부채를 둘러싼 환경을 바꿔주면 저절로 해결되는 측면이 있다는 것도 분명히 지적을 해야겠습니다."

박근혜 정부에서 창조경제의 핵심을 담당할 미래창조과학부는 방송 정책의 이관을 둘러싼 정치권의 대립으로 정부 출범 열흘이 넘도록 표류한 바 있다. 미래창조과학부를 지휘할 수장으로 지명됐던 김종훈 장관 내정자는 도중에 사퇴하고 한국을 떠났다. 갈 길은 멀고 마음은 급한데 되는 일이 하나도 없는 형국이다.

4.
창조경제란
무엇인가?

박근혜노믹스의 핵심어로 유행어가 되다시피 한 '창조경제'라는 말은 어디에서 연유한 것인지 궁금해졌다. '창조경제'는 대선 직전까지 '경제민주화'라는 화두를 붙잡고 있던 박근혜 캠프에서 새롭게 등장한 핵심어다.

창조경제는 이스라엘 출신 언론인이 과학기술에 기반한 두뇌강국으로 성장한 이스라엘의 비결을 추적한 『창업국가』라는 책에서 비롯됐다. 『창업국가』는 예루살렘포스트 칼럼니스트인 사울 싱어와 미국 외교부 관료 출신인 댄 세노르가 2010년에 펴낸 공동 저서다. 이 책을 연세대 미래융합연구원 윤종록 교수가 2010년 8월에 번역 출간했다. 윤종록 교수는 미국 벨연구소 특임연구원을 지냈다. 대통령직인수위원회 교육과학분과 위원으로도 활동했는데 김종훈 벨연구소 사장의 추천으로 미래트렌드포럼 회원으로 활동했다는 인연이 있다.

윤종록 교수가 최근 한 방송에 출연해 '창조경제'란 무엇인가를 본인이 직접 설명한 것이 있다.

"창조경제라는 단어는 상당히 생소하다고 보지만 창조경영이라는 말은 오래전부터 있어왔습니다. 모든 경영상에서 기존에 있는 것들을 재생산하는 것만으로는 한계가 있다고 봅니다. 현재 없는 것을 새로 만들어내는 것에서 돌파구를 찾자는 것이 창조경영이라고 본다면, 경제 전반적으로 봤을 때 우리나라처럼 산업사회를 지난 나라에서는 아무리 손발을 부지런히 움직인다 하더라도 경제파이가 넓어지지 않습니다. 그래서 이제 손발을 부지런히 움직이는 대신 두뇌의 창의력을 이용해서 기존에 없는 모델들을 만들어내는, 여기서 새로운 돌파구를 마련해야 되지 않을까 생각하구요. 창조경제에서는 세 가지 요인이 있다고 본다면 하나는 씨앗, 즉 창조경제를 일구기 위한 씨앗이 상당히 중요하다고 봅니다. 씨앗은 역시 국민의 상상력에서 나올 수 있을 겁니다. 씨앗이 땅에 떨어져서 발아하기 위해서는 토양이 필요한데, 우리나라는 세계에서 초고속 인터넷이 가장 잘되어 있지 않습니까? 굉장히 비옥한 인터넷을 근간으로 하는 디지털 토양, 여기서 열매가 맺게 되는데 과연 열매가 뭘까? 저는 서비스 혹은 애플리케이션 등등 이런 열매가 있다고 봅니다. 우리나라는 창조경제를 일구는 데 굉장히 좋은 여건을 갖추고 있다고 봅니다."

유형에서 무형의 자산을 바탕으로 지금 없었던 것을 창조해내는 경제, 결국 지식 서비스 산업이 미래성장동력이 될 것이라는 전망이다. 상대적으로 교육을 덜 받은 저소득 근로자들의 삶은 더 팍팍해지지 않을까 하는 우려가 들기도 하는 대목이다.

양적 성장을 넘어서 새로운 창조경제를 이끌어내야 하는데 기존의 경제발전 방향과 창조경제의 개념과는 어떤 차이가 있는 것일까?

"기존의 경제발전은 우리의 근면함, 부지런히 손발을 움직이는 것에서 기인했다고 본다면 창조경제는 역시 없는 것을 만들어내는 창의력에서 출발해야 되는 것 아니겠는가 생각됩니다. 그래서 큰 차이점이라고 본다면, 국민의 전반적인 창의력이 창조경제의 원동력이 되는 것이죠. 그동안에는 1퍼센트 과학자들만의 영역이었는데 99퍼센트의 국민들, 예를 들면 가정주부나 학생, 퇴직자 등 이런 이들의 창의력이 굉장히 중요한 시점에 와 있다고 보는 겁니다. 예를 든다면 스티브 잡스는 아직까지 자기가 만들어낸 새로운 기술이 하나도 없습니다. 단지 그 사람의 상상력을 동원해서, 있는 기술을 동원하여 조합해서 만들었듯이, 창조경제에서는 온 국민의 상상력, 우리나라는 굉장히 머리가 좋은 민족이기 때문에 앞서 나아갈 수 있는 좋은 환경에 있다고 볼 수 있습니다."

중소기업을 집중 육성해서 경제성장을 이끌겠다는 것이 박근혜 정부의 전략인데, 이것과 일맥상통한다고 볼 수 있을 것이다.

결국 제조업 중심의 산업지형도가 크게 바뀔 것이라는 전망이다.

"그동안 손으로 만질 수 있는 물건을 많이 만드는 것이 경제요체였다고 본다면 이제는 만질 수 없지만 새로운 가치를 여러 가지 서비스나 솔루션화하는 것으로 봅니다. 예를 들어본다면 유럽의 핸드릭스라는 회사는 사료를 만드는 회사입니다. 사료만 갖고도 충분히 먹고살 수 있는 회사였지만 사료뿐만 아니라 가축의 질병을 간단히 치료할 수 있는 진단키트를 만들어냅니다. 이 회사는 급기야 가축의 질병뿐만 아니라 질병을 예방할 수 있는 백신까지 만들어냅니다. 사료라는 유형의 물건에서 시작해 질병을 진단하는 서비스, 그리고 백신까지 만들어냈는데 이런 것이 바로 창조경제의 유형이 아닐까 합니다.”

창조경제는 좋든 싫든 박근혜 정부의 경제정책 핵심어로 상당 기간 회자될 전망이다. 『창업국가』라는 책을 내게 된 것도 궁금했다. 우리가 이스라엘의 어떤 점을 배워야 할 것인가?

“21세기에 경제기적을 이룬 이스라엘만이 적어도 우리나라가 벤치마킹할 수 있는 유일한 나라라고 봅니다. 이스라엘은 잘 알다시피 세계에서 가장 처절하게 자원이 없는 나라 중 하나입니다. 우리보다도 훨씬 열악한 나라인데 지금 미국 나스닥에서 기국을 뺀 나머지 전 세계 기업의 가장 많은 기업을 이스라엘이 차지하고 있습니다. 이스라엘 민족은 전 인구가 750만 명밖에 안 되구요, 면적도 충청남북도만 합니다. 그런데 유럽 전체가 1년에 만들어내는 창업보다도 더 많은 창업이 이스라엘에서 이루어지고 있거든요. 그 외에도 전 세계 경기침체 와중에서도 단 한 개의 은행도 망하지 않은 유일한 나라. 그리고 한 대학에서 연간 매년 특허 사용료로만 1조 원을 벌어들이는 나라입니다. 이런 성공모델을 우리가 충분히 벤치마킹할 필요가 있다고 봅니다. 그래서 『창업국가』라는 책이 나왔고 이 책이 전 세계 젊은이들에게 굉장한 용기를 주고 있다고 생각합니다.”

지역 곳곳에 도서관이 자리하고 있다. 창조경제적 관점에서 본다면,

도서관은 단순히 책만 보는 공간이 아닌 무한 상상실로 변환해야 한다. 누구나 도서관에 가면 책만 보는 것이 아니라 아이디어를 만들고 걸러내서 의미가 있는 것들은 R&D로 연결하는 것이 필요하지 않을까 싶다. 이렇듯 창조경제를 통해 경제의 온기가 퍼져나가야 할 텐데 새 정부가 풀어야 할 경제 과제가 한두 가지가 아니다. 우리의 경제정책 방향은 어떻게 봐야 하는지 윤창현 원장에게 물었다.

"일자리와 가계부채 문제도 해결해야 하고, 성장도 해야 하고 복지도 해야 하는 등 새 정부는 굉장히 많은 과제들을 안고 출발했습니다. 일자리를 만들면서 성장도 하면서 복지재정도 늘리면서 지출도 하는 복잡하고도 다양한 여러 책무들이 이번 정부에 주어져 있다고 봅니다."

중세 없는 복지정책을 펴겠다는 의지는 확고하다. 세금은 더 걷어들이지 않는 범위에서 복지 혜택을 늘리겠다는 것인데, 그래서 등장한 것이 지하경제 양성화다. 가짜 석유 근절이나 무자료 주류 거래 근절 등이 주요 대상으로 지목되고 있다.

올해 경제성장률 전망치 3.0퍼센트가 어려울 것이라는 전망이 나오고 있다. 마지막으로 올해 우리 경제 전망은 어떤지 물었다.

"저희 연구원이 작년에 2.8퍼센트로 전망했습니다. 너무 보수적 아니냐 하는 지적이 있었고 한국은행이 3.2퍼센트로 예측했었죠. 그런데 얼마 전 한국은행이 3.2퍼센트에서 2.8퍼센트로 전망치를 내렸습니다. 한국은행이 우리 연구원과 똑같은 숫자로 바꿔서 우리가 살짝 기분이 좋긴 했지만 그런데 결코 좋아할 일은 아니거든요. 우리 연구원이 한국은행처럼 3.2퍼센트로 수정하는 상황이 나타났더라면 좋았을 수도 있지요. 경제가 좋아진다는 신호일 수 있었는데, 안타깝습니다. 상반기를 2.1퍼센트로 보고 있고 하반기를 3.4퍼센트로 보고 있는데요. 상저하고입니다. 이번에는 틀리지 않았으면 좋겠구요. 전체적으로 2.8퍼센트입니다. 작년 상반기가 1.9퍼센트니까 상반기는 작년과 비슷합니다. 그리고 하반기 3.4퍼센트이니깐 상저하중上低下中 정도로 보면 어떨까 하는데, 거기까지도 가기 힘들지 않을까 싶습니다."

상반기는 저성장세를 보이다 하반기에 수출 등 경제 여건 호조로 고성장이 이뤄져야 3퍼센트대의 성장률을 달성할 수 있다. 최근 몇 년 동안 추세로 볼 때 올해 상반기에는 저성장세가 지속될 전망이다. 국제통화기금IMF이 올해 우리나라 경제성장률 전망치를 3.6퍼센트에서 3.2퍼센트로 낮추고, 국제 신용평가사 무디스도 3.5퍼센트에서 3.0퍼센트로 하향 조정한 상태다.

2013~2014
Economic
Forecast

Chapter 4

대한민국 경제의
컨트롤 타워

_기획재정부 경제정책국 최상목 국장

- 서울대 법대
- 미국 코넬대 경제학 박사
- 행정고시 29회
- 기획재정부 정책조정국장, 재정경제부 금융정책과장, 증권제도과장 역임
- 대통령비서실 정책행정관 역임
- OECD 근무
- 현 기획재정부 경제정책국장

1.
우리 경제는
선전했다

유럽 재정위기로 성장 둔화 조짐이 뚜렷해진 한국경제, 여기에 부동산 경기침체와 물가 불안 심리까지 겹치면서 우리 경제가 어떻게 될지 불안한 목소리가 점점 커지고 있다. 대한민국 경제정책을 총괄하는 기획재정부 최상목 경제정책국장을 만나 우리 경제를 진단해보도록 하자. 거시정책적 측면을 주로 살피게 될 것이다.

먼저 경제성장률 전망이 하향 조정되면서 2012년 상반기 우리 경제에 대한 평가부터 내려달라고 주문했다. 우리나라 경제정책의 사령탑에게는 솔직히 곤혹스러운 질문일 것이다.

"아시다시피 최근 짧은 기간 두 차례의 글로벌위기가 진행되고 있습니다. 이런 과정에서 정부도 많은 노력을 하고 있습니다만, 국민 여러분의 살림살이가 기대보다 나아지지 않고 있기 때문에 경제정책을 담당하고 있는 공무원의 한사람으로서 매우 송구스럽게 생각하고 있습니다.”

마치 모범답안 같은 답변이 술술 나왔다. 그러나 단어 하나를 선택하는 데도 많은 고심의 흔적이 보였다. 경제 상황에 대한 안타까움을 전하는 데 그의 진정성이 느껴졌다.

그러나 최상목 국장이 송구스럽다고 머리를 숙일 만큼 우리 경제가 엉망이었나? 그럴 정도는 아니라는 생각이 들었다. 그가 언급했듯 2008년과 2011년 두 차례의 전 세계적인 경제위기 속에 한국경제는 선방했다고 표현해도 좋을 만큼 내실을 다지며 성장해왔다고 본다.

소통의 부재로 이명박 정부에 대한 비난의 목소리가 높았지만 반대 진영에서도 인정할 것은 인정해야 되지 않을까 싶다. 그렇다. 대한민국은 2년 연속 무역 1조 달러를 기록하며 교역 규모 세계 8위에 진입했다. 이전 정부에서는 세계 평균 성장률인 4.8퍼센트를 밑도는 4.3퍼센트를 기록했지만 이명박 정부에서는 2.9퍼센트를 기록한 세계경제와 유사한 3.0퍼센트를 유지했다.

일자리 분야만 보면 전 세계 주요 국가 중 2008년 위기 이전 수준으로 회복한 국가는 독일을 제외하고 우리나라가 유일하다는 점도 주목해야 한다. 특히 국민 1인당 연소득 2만 달러와 인구 5천만 명 이상인 이른바 20-50클럽에 진입했다. 이 클럽에 가입한 국가 대부분이 수년 내 소득 3만 달러를 돌파하는데, 사실 우리나라도 머지않아 3만 달러 시대를 열게 될 것이라는 기대감이 커지고 있다. 물론 이 모든 성과가 정부의 힘으로 이룬 것은 아니다. 각 경제주체들의 노력이 있었기에 가능했던 것이다.

그러나 최상목 국장의 송구스럽다는 표현은 각종 경제지표는 개선됐지만, 서민들의 살림살이가 나아지는 쪽으로 전개되지 못한 점에 대한 아쉬움의 표현으로 해석해야겠다. 아랫목의 온기가 윗목으로까지 퍼지지 못한 이유는 나중에 물어보기로 했다.

"2012년 상반기 대외 여건이 계속 안 좋았지만 고용이나 물가의 경우 주요 경제지표, 예를 들면 고용의 경우 상반기 45만 명이 늘었습니다. 물가는 3퍼센트에서 2퍼센트대로 안정세로 들어섰는데 이런 지표들은 선전하고 있습니다. 다만 살림살이에 중요한, 성장에 필요한 지표들의 경우에는 지난해 4/4분기 부진을 회복하는 모습입니다. 물론 회복력은 매우 미흡합니다. 그게 앞으로의 과제라고 볼 수 있습니다."

각종 지표들이 개선되고 있다는 점은 내세울 만한 것이지만 그 혜택이 모든 국민에게 고루 퍼지지 않은 점은 결국 회복력의 부족 탓인가 보다. 회복력을 어떻게 높일 것인가가 정부정책 과제의 핵심일 듯싶다.

그의 상반기 국내경제에 대한 평가를 종합하면 물가 안정, 즉 민생 안정과 대외 여건에 따른 위기관리는 나름대로 선전했지만 대외 여건의 영향으로 활력 회복은 좀 미진했다고 결론을 냈다. 앞으로는 활력 회복에 중점을 두겠다는 것이다.

2. 이번 위기는 오래 지속된다

최근 중국의 경제성장률이 경착륙을 하고 있다. 여기에 미국의 성장 부진까지 겹치면서 전 세계적인 경제 불황의 도미노로, 이른바 퍼펙트 스톰Perfect Storm이라는 말이 등장했다.

퍼펙트 스톰은 원래 두 개 이상의 큰 돌풍이 만나서 더 큰 돌풍으로 변하는 자연 현상을 의미한다. 이것을 경제 현상에 빗대어 누리엘 루비니 교수가 처음 사용한 용어다. 즉, 두 개 이상의 커다란 경제적 충격이 만나서 엄청난 경제적 재앙이 된다는 것을 의미한다. 지금의 경제 상황이 그렇다는 것이다. 미국발 금융위기와 유로존의 재정위기라는 두 개의 커다란 돌풍이 만나서 상상 이상으로 커지게 된다면 어떻게 되겠는가. 여기에 정세가 불안한 중동에서 또다시 전쟁이 일어나 유가의 고공행진이 이어지면 전 세계의 경제는 붕괴할 수도 있다는 것이다.

항상 최악의 상황을 대비하고 있는 것이 정부나 기업의 위기관리 매뉴얼이다. 세계적으로 저명한 경제학자의 주장을 그냥 허튼소리로 흘려보내기엔 상황이 녹록치가 않다.

퍼펙트 스톰의 발생 여건은 이미 형성되었다고 볼 수 있다. 그러나 경제위기라고 하는 것이 손 쓸 도리 없는 거대한 자연재해가 아니지 않은가?

유로존의 재정위기 여파와 그로 인한 경제 전망은 어떻게 하고 있는지 궁금했다.

"두 번째 글로벌위기라고 말씀드렸습니다. 지난번 글로벌위기는 미국발 위기인데 2008년도 얘기죠. 그때 위기는 단기간에 충격이 집중됐고 전 세계가 국제 공조를 통해서 강력한 정책으로 극복했는데 지금 유로존의 위기 경우에는 좀 다른 양상으로 예상을 하고 있습니다. 위기의 원인 자체가 유로의 메커니즘에 대한 구조적 요인이지요. 이것의 대응 자체는 유로 각국들이 같이해야 하기 때문에 유럽 각국들의 정치적 요인에 영향을 받습니다. 그래서 이번 위기는 좀 장기화될 것이라는 게 대부분의 시각입니다."

유로존의 재정위기는 역시 간단치 않은 문제다. 정부의 고민도 여기에 있는 듯하다. 남의 나라, 그것도 17개 선진국이 모인 집합체를 우리가 도울 수 있는 것에는 한계가 있다.

유로존의 앞날도 불투명하다. 유로존이 깨질 것이라는 전망이 있는 게 사실이다. 유럽연합EU에 최근 가입한 동유럽 국가들이 유로존 가입 조건을 갖췄음에도 채무위기가 이어지는 상황 변화 때문에 이전과는 달리 가입에 회의적이라고 작년 말 〈파이낸셜타임스〉가 보도하기도 했다.

실제로 에스토니아와 라트비아, 리투아니아로 구성된 발트공화제국은 2014년을 목표로 단일통화 사용에 주력했다. 그러나 최근 상황이 바뀌었다고 전한다. 유로존 재정위기 이전 5년 전만 해도 라트비아 국민들이 유로 동참을 원했지만 당시는 경제적으로 준비가 되지 않은 상황이었다. 그러나 이제 준비가 되자, 국민들 생각이 정작 유로존 가입에 대해 회의적으로 바뀌었다는 것이다. 회의적인 것을 넘어 반유로 정서가 강해지고 있다고 한다.

EU 27개 회원국 중 가장 가난한 국가인 불가리아도 지난 10년간 자국통화를 유로화에 고정해오면서 마스트리히트 협약 조건을 완전히 충족했다. 그러나 불가리아 정부는 유로존에 동참할 계획이 없다고 최근 밝힌 상태다. EU에서 가장 가난한 나라가 부유한 국가를 도울 필요가 없다는 것이 그 이유다. 폴란드와 체코 역시 마찬가지다. 유로존의 위기가 악화됨에 따라 유로존 가입에 반대하는 목소리가 높아졌다고 한다.

긴축재정에 반대하는 그리스 국민들의 소요 사태는 이제 더 이상 새로운 것도 아니다. 유로존 채권국들이 긴축재정의 강도를 높일 것을 요구하기 때문이다. 1997년 외환위기를 겪으며 대량해고 사태를 경험했던 우리에게 그리스의 국가부도 위기는 남의 일처럼 느껴지지 않는다. 다만, 위기에 대처하는 방법은 우리와 많이 다르다. 우리는 금 모으기를 하면서 모든 국민이 고통을 분담했지만 그리스는 사정이 다른 것 같다. 부유한 카탈로니아 지방에서는 그리스에서 아예 분리하자는 운동마저 벌어지고 있다.

유로존의 기둥인 독일은 마음이 편할까? 그렇지 않다. 왜 남의 나라가 진 빚을 우리가 갚아야 하느냐며 국민들의 불만이 커지고 있다.

이렇듯 사태 해결이 쉽지 않는 유로존 재정위기에 우리는 어떻게 대처해야 하는가? 정부의 경제정책을 쥐고 있는 최상목 국장에게는 뭔가 답이 있지 않을까?

"장기적인 위기이기 때문에 이에 대한 대응 자체도 저희 역시 장기적이고 체계적으로 해야 할 필요가 있고요. 유럽의 재정위기가 장기화되면 우리에게 미치는 영향은 물론 안 좋습니다. 우리가 지난번 금융위기 때보다는 체질이 많이 강화됐기 때문에 크게 문제는 없을 것으로 생각합니다만, 그래도 지금은 글로벌 시대이기 때문에 단기적으로 영향을 받는 것은 불가피합니다. 우리의 유럽에 대한 수출이 10퍼센트를 차지합니다. 유럽에 대한 수출이 매우 좋지 않고요. 또 중국 수출의 상당 부분이 유럽을 통해 가공무역이라는 형태로 수출됩니다. 그래서 수출 자체가 2011년에 비해서 좋아지지 않고 있습니다."

그는 장기적이고 체계적인 대응 시나리오를 갖고 있다고 했다. 그러나 여기서 밝힐 단계는 아니다. 위기대응 매뉴얼대로 사태가 악화되지 않기를 바랄 뿐이다. 최상목 국장도 수출 악화를 우려하고 있었다.

수출 부진이 왜 걱정인가?

국내총생산GDP에서 수출이 차지하는 비중이 2012년 역대 최고 수준을 기록할 것으로 보인다. 지나친 수출 의존은 세계 경기의 변동에 따른 국내경제 및 금융시장의 불안정성을 높이는 요인으로 꼽힌다. 즉, 유로존이나 미국발 금융위기처럼 대외적 변수에 너무 휘둘린다는 것이다.

금융투자업계와 한국은행 등에 따르면, 우리나라 GDP에서 수출이 차지하는 비율은 지난해 1~3분기에 57.3퍼센트로 사상 최고를 기록했다. 4분기 수출도 상반기 수준으로 유지돼 연간비율이 역대 최고로 나타날 것으로 전망된다.

GDP 대비 수출비율은 외환위기 전인 1996년 27.7퍼센트였다. 외환위기 발생 이듬해인 1998년 44.3퍼센트로 상승했고, 2008년 53.0퍼센트로 GDP의 절반을 넘어선 이래 지난해에는 60퍼센트에 육박하게 됐다.

사실, 우리가 이만큼 살 만해진 것도 수출 덕이 크다. 정부의 정책적인 수출 지원 덕이다. 외환위기를 수출로 극복하기 위해 정부는 미국, 유럽연합 등과 자유무역협정을 체결하고 고환율정책을 펴며 수출 경쟁력을 높였다. 여기에 2008년 미국발 금융위기 이전까지 미국 등 세계경제가 호황을 맞으면서 수출은 더욱 늘었다. 그러나 지나친 수출 비중 확대는 수출이 타격을 받을 경우 경기침체로 직결된다는 약점이 있다.

지금 최상목 국장이 우려하는 까닭은 바로 이 때문이다. 국내 소비나 투자도 위기 자체가 장기화되니까 덩달아 침체가 장기화되는 것이다. 위기 상황이 반복되면서 금융시장이 출렁거리고 소비자나 투자자들의 심리가 위축되는 결과를 가져왔다. 그런 것들이 내수에도 영향을 주고 있는 것이다.

하반기 전망 역시 유로 재정위기와 미국, 중국의 경제 상황 등 대외 여건에 따라 크게 좌우될 것이라는 전망을 내놨다. 한 가지 확실한 것은 불확실성이 커졌다는 것이다. 우리는 지금 불확실성의 시대에 살고 있는 것이다. 그는 아무도 예단할 수 없다고 잘라 말했다.

사실, 이 말이 무서운 것이다. 예측 가능해야 정책의 틀도 잡아가는데 예단조차 할 수 없다면 짙은 안개 속을 시속 100킬로미터의 속도로 내달려야 하는 것과 무엇이 다른가. 그는 다만, 대외 여건이 조금 개선되면 하반기말 쯤 잠재성장궤도인 장기추세선으로 성장이 회복될 것으로 기대하고 있다고 덧붙였다. 이 말에 위안을 삼았다.

3.
긴 호흡으로
체력을 다져라

2012년 하반기 경제정책 기조의 핵심은 무엇인지 물었다.

"하반기의 정책 방향은 우리가 연초에 세워뒀던 것과 같은 방향입니다. 안정을 기반으로 둔 성장입니다. 그래서 경제활력을 회복하고 서민 생활의 안정, 이 두 가지를 큰 축으로 갖고 있습니다. 경제활력 회복을 위해서 글로벌위기 대응에 만전을 기한다든지 재정투자를 보강한다든지 민간투자를 활성화한다든지 하는 쪽으로 경제활력을 회복하는 것이고요. 이 세 가지 과제를 선정했습니다."

작년 하반기에 대한 경제성적표는 아직 나오지 않은 상태라 최상목 국장의 주력 과제들이 어느 정도 성과를 냈는지는 좀 더 지켜봐야 한다. 그러나 아직 경기가 좋아졌다는 말은 들리지 않는다. 하루아침에 나아지리라는 기대는 하지 않았지만 어느 해보다 추울 거라는 올겨울이 빨리 지나가길 바라는 마음뿐이다.

그는 민생의 안정과 서민생활의 안정을 위해서 2퍼센트대 물가 안정세를 공고히 한다든지 40만 명대였던 일자리를 확충한다든지 주거비 확충이나 서민금융을 확충하는 세 가지 과제를 추가했다고 덧붙였다.

물가 안정세는 뚜렷해졌다. 기업들과 협의해서 각종 생필품의 가격을 동결시키는 등의 노력이 병행됐다. 그러나 인터뷰가 진행되던 지난여름 상황과는 최근 많이 달라졌다. 집권 말이 되면서 기업들의 가격인상이 나타났다. 속칭 기업들의 팔을 비틀어서 가격을 동결시켰었는데 이제 힘이 빠진 정부 말을 기업들이 들으려 하지 않았기 때문이다.

두부와 콩나물, 조미료, 밀가루, 소주에 이르기까지 식품 업계의 가격인상이 줄을 이었다. 인상폭도 적지 않다. 두부와 콩나물은 7에서 10퍼센트씩 오르고 소주 출고 가격도 8퍼센트 이상 올랐다.

작년 유난히 잦았던 여름 태풍과 일찍 시작된 한파로 채소와 과일 등 신선식품 가격까지 오름세다.

공공요금도 줄줄이 오를 태세다. 도시가스와 광역상수도의 요금, 민자고속도로 통행료, 택시요금 등이 인상을 예고하고 있는 상황이다. 원자력 발전소의 가동 중단으로 전기를 아껴 쓰는 일이 다반사가 돼버린 요즘, 그래서인지 전기요금 현실화가 어느 때보다 강하게 대두되고 있다. 선진국 등에 비해 전기요금이 싸다는 데는 이견이 없다.

해당 업계는 원재료의 값과 물류비 등의 상승으로 가격인상이 불가피한 상황이라고 말한다. 서민물가의 안정을 위해 인상폭을 낮추었다는 설명도 더한다. 공공요금의 인상을 예고한 기관들의 해명도 비슷하다.

그러나 좀 솔직해지자. 정부의 물가 억제정책으로 자제해왔던 것을 대선이 끝나자마자 올리는 것은 어떻게 해석해야 하는가. 새 정부가 들어서면 가격을 올리지 못할 것이라는 업계의 속셈이 드러난 것 아닌가.

최상목 국장을 다시 만난다면 이 부분에 대한 정부 대책을 물어보고 싶다. 기회를 엿보는 기업들의 행태를 정부는 눈치 채지 못하고 있었던 것인가, 아니면 손을 놓고 방관하고 있었건 것인가?

두 번째 글로벌 경제위기를 겪고 있는 셈인데, 지난 2008년 때 추경예산을 편성해서 인위적인 경기부양에 나섰던 것과 이번에는 다른 이유를 물었다.

"이번 위기는 장기화됩니다. 단기전과 장기전에 대응하는 방안이 달라야 하지 않겠습니까? 물론 만일의 사태에 대비해서 치밀한 준비는 해야겠지만 장기전이니깐 무리한 단기대응보다는 긴 호흡으로 체력을 보강하는 노력을 하고 추후에 큰일이 발생했을 때를 대비해서 재정 여력을 남겨놓을 필요가 있습니다. 추경을 내는 경우 국채발행을 보통 수반하기 때문에 국가채무가 늘어납니다. 그런데 이번에 마련한 것은 정부나 공공기관이 가지고 있는 여유 재원을 충분히 활용하기 때문에 국가채무 부담 없이 추경하고 비슷한 효과를 낼 것입니다."

재정집행률을 통상치보다 많이 올려 재정집행률을 높이고, 기금 등의 여유 재원을 활용하고, 공공기관의 SOC투자를 확대하는 것 등이 주요 내용이다. 그는 이런 식으로 해서 8조 5,000억 원 규모의 재정투자를 확대하는 효과를 기대하고 있다고 말했다.

그렇다면 정부 말고 민간에서 투자를 활성화시키는 방안은 무엇인지 물었다.

역시 대기업보다는 자금 규모가 열악한 중견기업과 중소기업이 문제였다. 대기업은 투자의사 결정만 내려지면 집행이 되지만 중견기업들의 경우 여러 가지 어려움이 있다고 판단한다. 그래서 준비하고 있는 것이 3조 원 규모의 설비투자펀드다. 이를 통해 중소·중견기업의 투자를 획기적으로 지원할 계획이라고 그는 밝혔다. 외국인투자도 활성화하기 위해 경제자유구역에 대한 규제를 완화하고 외국인투자에 대한 지원 체계를 개선할 계획이라고도 말했다.

경제자유구역에 대한 규제를 완화하겠다는 정부 발표는 이미 여러 차례 나왔지만 정치권의 협조가 미흡하다. 올해 인천 송도경제자유구역에 GCF가 들어서게 된다. 투자 활성화와 함께 인근 지역의 부동산 경기도 살아나리라는 기대감이 크다. 정부의 체계적인 뒷받침이 요구되는 대목이기도 하다.

4.
회생 가능한
건설사 적극 지원

최상목 국장에게 부동산 경기에 관하여 본격적으로 물었다. 부동산은 결국 건설 경기와도 직결되는 것이다.

"건설 분야의 투자가 중요합니다. 이 부분에 전체 5조 원 규모의 자금 지원을 함으로써 관련 분야들의 내수를 보완하고 일자리도 많이 만들고 민생 안정에도 최선을 다할 생각입니다."

그러나 건설 경기의 침체가 상당히 오래가고 있다. 더 적극적인 정부의 활성화 대책이 필요하다는 공격적인 질문을 이어갔다. PF채권 매입 등의 정상화 방안이 있는지 물었다.

"부실 PF채권이 큰 문제입니다. 건설사들이 어려움을 겪고 있는데 저축은행이 갖고 있는 부실채권은 한국자산관리공사, 즉 캠코에서 사주고 있습니다. 은행권이 갖고 있는 게 문제라서 이번에 2조 원 규모의

PF정상화뱅크를 조성했습니다. 은행들이 갖고 있는 부실 PF채권을 모두 매입을 하면 부실 PF사업장 자체는 돌아가게끔 될 것을 기대하고 있습니다. 그다음, 중소건설사들이 자금난을 겪고 있기 때문에 프라이머리 CBO를 3조 원 정도 발행해서 자금난 해소에 도움이 될 것으로 기대를 하구요. 건설사들이 구조조정을 하고 있는데 그것이 질서 있게 이뤄질 수 있도록 해서 회생 가능한 건설사들은 적극적으로 지원할 생각입니다."

PF정상화뱅크는 시중은행들이 보유한 부실 부동산 PF사업장의 채권을 사들여 투자하는 펀드를 말한다. 5.10 주택 거래 정상화 방안으로 시작됐으며 국민은행, 우리은행, 농협, 신한은행, 산업은행, 기업은행, 하나은행 등 7개 은행들이 부동산 PF부실채권을 정리하기 위해 출자금 8,000억 원 등 총 1조 2천억 원 규모로 설립했다.

프라이머리 CBO는 신규 발행 채권을 기초자산으로 발행하는 CBO다. 신용도가 낮아 회사채를 직접 발행하기 어려운 기업에게 자금을 수혈하기 위해 여러 기업의 채권을 모아 신용보증기금의 신용보강을 통해 발행한다. 실제로 작년 8월, 자금난으로 허덕이는 중소건설사들이 신용보증기금의 프라이머리 채권담보부증권을 통해 숨통을 틔울 수 있었다.

최상목 국장은 건설 사업의 건전성을 높이는 작업도 중요하다고 강조했다. 그는 부실 시행사의 구조조정을 위한 제도적 기반을 마련하고 부동산의 평가 체계를 도입하는 것 등을 병행해서 추진할 계획이라고 밝혔다.

가계부채 문제에 대해서도 물었다. 사실상 우리 경제에 뇌관처럼 작동하고 있는 가장 민감한 문제다.

"가계부채 문제는 많이들 걱정하고 있는데 정부에서도 가계부채 규모가 선진국에 비해서 높다고 생각하고 있는 실정입니다. 정부도 이 부분에 대해서 모니터링을 열심히 하고 있습니다. 가계부채가 높다고 해서 갑자기 줄이게 되면 경제의 부작용이 있거든요. 줄이는 방법도 연착륙을 시키자 그런 뜻입니다."

두 차례의 대책 발표로 그나마 가계부채 증가세는 꺾였다고 그는 말했다. 가계부채 구조 자체도 고정금리대출이 늘어나는 등 그나마 성과가 있었다고 했다.

한국주택금융공사 사장과의 인터뷰가 뒤편에 준비돼 있다. 그러므로 고정대출금리 상품에 대한 설명은 여기서는 생략한다.

"하반기에는 가계부채의 증가세 자체가 소득에 비해서 빠르게 늘어나지 않도록 총량관리를 할 생각입니다. 그다음에 취약 부분이라고 할 수 있는 제2금융권이나 저소득층, 자영업자에 대한 면밀한 분석을 통해 필요한 조치도 검토해나갈 것입니다."

그는 은행들의 장기고정금리대출을 활성화할 필요가 있다고 힘주어 말했다. 그래서 이 대출을 지원하는 주택금융공사에 대한 출자를 확대할 계획이라고 말했다.

"은행이 장기고정금리대출을 취급하기 위해서는 자금 조달이 필요한데 이를 위한 법제화가 필요합니다. 커버드본드Covered Bond라는 것의 법제화를 추진할 생각입니다. 다만 이 과정에서 서민들이 어려움을 겪을 수 있기 때문에 서민들이 고금리 사금융을 이용하는 것보다는 은행 같은 제도권에서 낮은 금리를 이용하도록 한국은행과 협조를 해서 서민금융을 지원한다든지 저축은행이 은행과 연계영업을 할 수 있도록 병행할 생각입니다. 무엇보다도 가계부채의 문제는 소득이 늘어나야 되거든요. 그래서 일자리 마련 대책도 병행할 계획입니다. 효과가 있기를 기대하고 있습니다."

커버드본드는 은행이 발행하는 일반 채권이지만 우선변제권과 이중상환청구권을 보장해줘 금융채와 국채의 중간 정도 위험성을 갖는 채권을 말한다. 이에 따라 은행이 파산할 경우에도 투자자가 담보를 통해 우선적으로 원리금을 확보할 수 있다는 장점이 있다. 금융 당국이 '금융회사의 커버드본드 발행에 관한 법률 제정안'을 마련했고 국회 통과를 남겨두고 있어 올해부터 은행권의 커버드본드 발행이 허용될 것으로 보인다.

올해에만 대략 커버드본드 발행 물량이 80조 원에 육박할 것이라는 전망이다. 이 가운데 대다수가 10년 이상의 장기물일 것으로 예상된다. 현재 가계부채가 1,000조 원에 육박한 데다 지난해부터 주택담보대출의 대규모 원금상환이 시작되면서 은행권의 가계대출 연체율이 증가하고 있다. 모기지를 담보로 하는 중장기물의 커버드본드를 대규모로 발행할 것으로 보인다. 담보대출이 대부분 고정금리 상품으로 전환될 것으로 보인다. 저금리 기조가 유지되는 가운데 고정금리가 얼마나 설득력 있을지 지켜볼 일이다.

우리 경제의 또 하나 고민거리가 있다. 바로 700만 명이 넘는 자영업자와 여기에 더해질 것으로 보이는 베이비부머의 대량 은퇴다.

"베이비부머나 자영업 등의 이슈들은 최근 고용 동향에서 나타나고 있는 문제들입니다. 그래서 정부가 하반기 내내 그 부분에 집중적으로 점검을 하고 추가 대책을 마련할 생각입니다. 베이비부머의 경우 일단 먼저 고용연장이 되는 게 중요하지 않겠습니까? 임금피크제 지원 요건을 완화했고 지금까지는 65세가 넘어가면 실업급여수급을 허용하지 않았는데, 이번에 허용을 하게 되면 아무래도 이들이 구직 활동을 하는 데 촉진이 될 것으로 보입니다. 베이비부머들이 전직을 하거나 전직 후 다른 창업을 지원해야 하기 때문에 은퇴 전에 경력과 특기를 활용할 수 있도록 하는 정부의 여러 가지 프로그램이 많이 있습니다. 그 프로그램을 대폭 확대를 하구요. 예를 들면 귀농을 희망하는 은퇴자에 대해서도 교육과 실습을 지원한다든지 자영업자 같은 경우에는 업종 전환이나 전직 교육이 필요한데요. 지금까지는 연매출 8,000만 원 미만의 자영업자만이 대상에 포함됐었는데, 이 대상을 1억 5,000만 원까지 확대했습니다. 정부가 마련하고 있는 취업 훈련이나 직업 알선 프로그램 대상도 확대했습니다. 그래서 여러 가지 저희가 이를 포함해서 대책들을 마련해나가고 있습니다."

최상목 국장의 시원하고 거침없는 답변이 이어졌다. 머릿속에 꽉 차 있는 계획들이지 싶었다. 그 역시 베이비부머 세대다.

5.
경제는
사람이다

최상목 국장에게 경제정책을 수립할 때 가장 중점을 두는 기준이 무엇인지 물었다. 더불어 한국경제가 가야 할 가장 이상적인 방향은 뭐라고 보는지도 물었다.

복잡하고 어려운 경제용어들이 뒤섞인 설명이 이어질 것으로 짐작했지만 전혀 엉뚱한 답이 나왔다. 경제정책의 시작과 끝은 사람이라는 것이다.

"경제정책이라고 하는 것은 결국 정책의 고객이 있는데, 고객은 경제 주체이고, 결국 국민 여러분입니다. 정책을 수립하는 과정과 집행하고 평가하는 과정에서 제일 중요하게 생각하는 것은 결국 고객인 국민이라고 생각합니다."

너무나 당연한 말이었지만 신선하게 들렸다. 국민을 고객으로 여긴다는 말이 고위공직자의 입에서 나오니 새삼 실감났기 때문이다.

"정책을 설계하는 데서 중요한 것이 국민과의 소통입니다. 경제주체들과 소통을 하지 않으면 아무리 정책을 수립하더라도 이 부분이 제대로 작동을 하지 않게 되고요. 모든 경제정책은 결국 경제주체들, 즉 소비자나 기업의 행태를 변화시키고 그 속에서 일자리를 제공하는 등의 효과를 거두기 위함이거든요. 이러한 동기 부여나 소통이 중요하구요. 정책을 평가하는 과정에서 경제지표도 중요하지만 더 중요한 것은 경제주체인 고객들의 만족과 그들의 생활과 삶의 질이 얼마나 높아졌는가 하는 것입니다. 결국 경제정책을 수립하고 만들어나가고, 그러고는 평가하는 과정에서 가장 중요한 것은 역시 정책의 고객인 국민이라고 생각합니다."

국민을 이처럼 어렵게 보고 떠받드는 공무원이 있다는 사실에 국민의 한 사람으로서 조금 안심이 됐다. 그러나 경제지표보다 중요시한다는 국민들의 만족도와 삶의 질은 여전히 나아지지 않고 있으니 문제다. 최상목 국장이라고 왜 그것을 모르겠는가? 뜻한 바대로 실현되지 않으니 그의 머리가 하얗게 셀 판이다.

우리 경제가 제대로 가기 위한 목표점이 무엇인지 물었다.

"여러 가지 의견이 있을 수 있겠는데 제 생각으로는 역동성과 그것과 상치되는 의미이긴 하지만 안정성을 가진 경제라고 할까요? 제가 스스로 만든 말인데 역동적 안정성이라고 생각합니다. 역동성이라고 하면 지난번 월드컵 때 봤던 것처럼 다이내믹코리아가 연상되는데요. 그 사회가 역동적이라고 하는 것은 두 가지 뜻이 있다고 개인적으로 해석합니다. 하나는 굉장히 창의적이고 혁신이 가득 찬 기업가정신이 충만해서 많은 창업이 일어나는 사회이구요. 두 번째는 사회적인 역동성입니다. 보통 요즘은 20대 80의 사회라고 하는데 소득분배가 불균형적인 것도 문제지만, 더 중요한 것은 80이 얼마만큼 쉽게 20이 될 수 있느냐 여부이거든요. 결국 그 안에서 우리가 교육이라든지 일하는 복지를 통해 그렇게 소득계층 간에 이동할 수 있는 경로가 열려 있다면, 비록 지금 소득분배가 불균형이라고 하더라도 동적으로 역동성이 보장된다면 문제가 없다고 봅니다. 그래서 역동적인 것이 필요합니다."

우리나라 역동성은 세계가 주목하고 있는 것이다. 이미 2002 한일월드컵 때 대규모 길거리 응원에서 유감없이 보여준 바 있다. 세계가 놀랐지만 정작 우리 자신도 이 정도일 줄이야 하며 놀랐었다.

역동성과 반대되는 것이 차분함일 텐데……. 그래서 안정성이 어떤 것인지도 궁금했다.

"역동성과 상치되는 말입니다만, 안정성도 필요합니다. 위기가 상시화되고 있는 사회에서 경제 시스템은 위기에 강해야 됩니다. 대외적으로 말이죠. 대내적으로는 사회불균형은 불가피하기 때문에 사회통합과 국가적인 문제에서 사회갈등이나 이해 조정을 하는 사회적 자본, 이런 것들이 잘 갖춰져서 대내적인 안정성이 필요합니다. 결국은 역동적이지만 그 사회의 경제 시스템이 안정성을 가진 그런 경제가 우리가 추구하는 경제라고 저 개인적으로는 정의하고 있습니다."

안정성이라는 말도 이해가 됐다. 외유내강으로 표현하면 맞을지 모르겠다. 겉은 차갑지만 내부에는 뜨거운 용광로가 있는 사람처럼 말이다. 일에 집중할 때는 무서운 추진력을 발휘하면서 주위 사람들마저 강하게 몰아붙이지만 평소에는 차분하고 말수도 적어서 언제 그랬냐는 듯 말이다.

일할 때는 일하고 놀 때는 놀아야 한다는 말과도 어울리는 듯하다. 한때 '열심히 일한 당신 떠나라'라는 유행어가 있었다. 본인이 열심히 일했다고 자찬하는 모양새는 좀 그렇긴 하지만, 놀 줄 아는 사람이 일할 줄도 아는 것이다. 안정성을 갖춘 사람이 역동성도 있다. 역동성을 갖춘 사람이 차분해지기도 한다. 항상 시선이 고정돼 있지 못한 채 주위가 산만한 사람에게는 집중력도 없을뿐더러 안정감도 없다.

경제정책의 사령탑이라는 표현이 어떨지 모르겠다. 국민들에게 전하고 싶은 말이 있을 것 같아서 그에게 물었다.

"살림살이가 어려운데 경제정책국장이라는 사람이 희망을 가지라고 말하는 것에 송구스런 측면이 있습니다. 경제이론의 행동경제학이라는 것을 보면 마음이 인간의 행동을 결정하고 그 행동이 경제를 움직이기 때문에 결국 마음이 경제를 움직인다는 거 있습니다."

흔히 "경제는 심리다"라고 말한다. 경기가 어렵다, 어렵다 하면 실제 소비주체들이 지갑을 닫으면서 경기는 필요 이상으로 냉각된다. 설령 혹한이 찾아온다 하더라도 "이 정도 추위는 아무것도 아닙니다" 하는 당당함이 있어야 한다.

언론에서 올겨울 이상저온의 유례없는 한파가 닥쳤다고 한다. 연일 매서운 한파에 동장군이 기승을 부린다고 말한다. 그러나 그런 기사를 접하면 견딜 만한 추위도 더 움츠러들게 만든다. 춥다, 춥다 말한다고 추위가 누그러드는 것은 아니다. 경기가 어렵다고, 죽겠다고 말한다고 경기가 살아나는 것도 아니다. 날씨나 경제나 결국 심리가 아닐까?

"우리 경제가 여러 가지 어려움을 겪고 있습니다만, 대외적인 평가를 보면 우리는 지금 교과서적인 회복을 하고 있습니다. 최근 GDP 증가를 보면 2008년 대비 10퍼센트 증가했습니다. 미국이 1퍼센트 정도이고 일본이나 유로존은 마이너스입니다. 최근 우리는 5천만 명 인구 돌파를 했는데 소득은 2만 달러를 넘고 있습니다. 5만 명인 것이 세계 일곱 번째라고 합니다. 우리가 보통 개인의 일을 잘하고 있나 평가할 때, 스스로의 평가도 중요하지만 대외적인 평가도 많이 참고합니다. 좀 더 객관적이기 때문입니다. 우리의 대외적인 평가는 우리가 느끼는 어려움보다 조금 더 높게 평가하고 있다는 것입니다. 이 부분을 우리가 볼 필요가 있는 것 같습니다. 유로존 국가들은 한국에서 배워야 한다고 합니다. 유럽 언론에 그렇게 소개됐다고 하던데 저는 한국과 우리 국민들의 저력을 믿습니다. 국민과 정부가 같이 노력하면 위기가 기회가 되지 않을까 믿고 있습니다."

6.
성공의 힘,
부드러운 카리스마

만약 경제 관료가 아닌 다른 삶을 살 기회가 주어진다면 어떤 인생을 살아보고 싶은지 최상목 국장에게 뜬금없이 물었다.

인생 백세 시대 아닌가. 백세까지는 아니더라도 80~90세까지는 건강하게 살 가능성이 커졌다. 아직 가야 할 길이 많이 남아 있으니 제2의 인생설계를 이쯤에서 들어봐도 괜찮을 듯싶었다.

"제가 법대를 나왔기 때문에 지금보다는 추상적이지 않고 구체적인 삶의 현장에서 살아 있는 법을 만들어나가는 변호사를 하지 않았을까 하는 상상을 합니다만, 그런 직업보다도 개인적으로는 공직생활을 하면서 여러 가지로 여건이 안 되서 가족들과 같이 생활을 하지 못한 것이 굉장히 미안합니다. 그래서 저에게 새로운 삶이 주어진다면, 지금보다는 가족들과 함께 시간도 많이 보내고 자연과 문화도 즐기는 삶을 살고 싶습니다."

가장의 무거운 짐을 지고 살아가는 이 땅의 모든 남성의 로망 아닌가. 유유자적한 생활은 누구나 꿈꾸는 이상향이다.

최상목 국장은 잘생긴 외모에 좋은 목소리, 한마디로 부드러운 카리스마를 지녔다. 경제 관료라는 차가움과 딱딱함은 그와 어울리지 않았다. 이것이 오히려 마이너스가 되지는 않았을까 싶을 정도다.

그 궁금증은 곧 풀렸다. 최상목 국장은 존경하는 인물로 돌아가신 할아버지를 꼽았다. 그가 고등학생일 때 돌아가셨는데, 2대 독자인 그를 굉장히 귀여워하셨다고 말한다. 자신의 이름도 지어주셨는데 그 뜻이 서로 화목해라, 사회를 서로 아름답게 만드는 그런 사람이 되라는 뜻이라고 한다.

명석한 두뇌와 열정적인 성정을 지녔음에도 외모에서 풍기는 부드러움과 온화함은 그의 이름 덕분이었다.

"할아버지는 책도 많이 읽으시고, 새로운 것을 찾으려고 노력하시고, 희생을 바탕으로 남에게 모범이 되셨던 분으로 알고 있습니다. 할아버지에 대한 기억과 말씀이 저의 좌우명이라고 할까요? 그렇게 삼고 살아가고 있습니다."

그는 서울대 법대를 졸업하고 경제 관료로 25년을 지내왔다. 이제 그의 인생도 정점을 향해 가고 있다. 대한민국 경제정책의 사령탑으로 그의 행보가 주목되는 부분이기도 하다.

과연 그의 이름대로 사회를 아름답게 만드는 사람으로 기억될 수 있을 것인가?

인터뷰를 마치면서 대한민국의 앞날이 그리 어둡지 않다는 생각이 들었다. 국민을 무서워하고 한없이 어렵게 생각하는 공복이 있지 않은가.

2013~2014
*Economic
Forecast*

2013~2014
*Economic
Forecast*

Chapter 5

올해 집값은
오를까, 떨어질까?

_ 한국주택금융공사 서종대 사장

- 한양대 경제학과
- 영 버밍험대 대학원 경제정책학 석사
- 한양대 도시공학 박사
- 행정고시 25회
- 건설교통부 주택국장, 주거복지본부장 역임
- 국무총리실 세종시기획단 부단장
- 카이스트 초빙교수
- 현 한국주택금융공사 사장

1.
장기침체,
일본의 전철을 밟지는 않을 것

현재의 부동산 경기침체를 이미 오래전에 예견했던 주택 전문가가 있다. 당시 그의 진단은 시장의 집중 포화를 받았다. 그러나 지금 상황은 그의 예고가 맞아떨어지고 있다. 그래서 이 전문가의 진단이 오히려 현재 부동산 경기를 가늠하는 쓴 약이 될지도 모르겠다.

그 주인공은 바로 한국주택금융공사의 서종대 사장이다.

2011년 말에 취임해 8개월 정도 지났을 무렵 그를 만나러 갔다. 한창 무더위가 절정으로 치닫고 있을 때였다. 한국주택금융공사는 공교롭게도 노숙인들이 제일 많이 모여드는 서울역 바로 앞에 있다.

서종대 사장은 원래 건설교통부의 관료 출신이다. 한국주택금융공사가 보금자리론을 취급하는 금융기관이어서 비금융인 출신이라는 점이 업무에 걸림돌이 되지 않을까 싶었다. 우선 이 질문부터 던졌다.

"제가 오랫동안 건설교통부에서 주택 관련 일을 했기 때문에 금융계의 일이 처음이긴 합니다. 그런데 현재 주택금융공사가 하는 일 자체가 대부분 과거 건교부에서 주택을 맡아서 했던 일들입니다."

상당히 자신감이 넘치는 대답이었다.

자신에 대한 평가를 내려달라고 재차 주문했다. 대부분의 사람이 자신에 대한 평가를 내리는 것에는 주저한다. 후한 점수를 주기에는 너무 자만에 찬 듯 보이고 나쁜 점수를 주자니 자신 없는 듯 보이기 때문이다. 솔직하면 된다. 서종대 사장 역시 자신을 어떻게 평가하겠느냐며 손사래를 쳤다. 다만, 이곳에서 얼마나 일했느냐를 봐야 한다고 말했다. 열심히 일했고 나름의 성과도 있었다고 밝혔다. 그러면 좋은 평가라고 볼 수 있다.

경제 여건이 좋지 않다. 유로존 재정위기의 여파로 국내 경기 역시 안개 속에 있는 상황이다. 가계대출 문제도 위험수위에 있고 깡통주택, 깡통아파트가 등장하고 있다. 집을 팔아도 주택담보 대출금과 전세금을 내줄 수 없는 것이 이른바 깡통주택이다. 최근 들어 급증하는 추세다. 정말 걱정이다. 세입자들은 거리로 내몰릴 수밖에 없다. 금융 당국의 조사에 따르면 깡통주택을 가진 사람이 전국적으로 19만 명에 달한다고 한다. 2012년 말 기준이다. 대출액수로는 전체 주택담보대출의 3.3퍼센트인 13조 원에 달한다. 수도권이 제일 많아서 90퍼센트가 집중돼 있다. KB금융연구소는 전세보증금을 포함한 부채가 집값의 70퍼센트를 넘는 아파트가 전국에 34만여 가구에 이른다고 추산했다. 깡통주택 경매로 2012년 상반기에만 길거리로 나앉은 세입자가 1,500가구라고 한다. 수도권 아파트 매매지수는 미국발 금융위기 이후와 비교해 10퍼센트 이상 하락했다. 집값이 떨어지다 보니 가처분소득이 줄면서 가계부채에 대한 원금상환 압박도 커지고 있다.

일본이나 미국의 예에서도 볼 수 있듯 주택담보대출의 부실은 장기불황의 방아쇠로 작용할 가능성이 크다. 부동산시장이 살아나야 한다. 그러기 위해서는 거래에 숨통을 터줘야 한다. 서종대 사장은 어떻게 보고 있을까?

주택 경기도 일반적인 거시경제의 흐름과 비슷하게 가기 때문에 경기가 좋지 않다면 주택 경기만 따로 활황세를 띠기 어렵다고 한마디로 진단했다. 무엇이든 나 홀로 성장하기는 어렵다. 유럽발 재정위기가 어떤 형태로든 정리가 되면 주택 경기도 살아날 수 있지만 유럽발 재정위기가 점차 더 악화된다면 주택 경기도 어렵지 않겠나 생각한다고 말했다. 대부분의 전문가가 이구동성으로 지적하듯 유로존 재정위기가 해결되지 않으면 우리 경제에 봄날도 찾아들기 어려울 듯싶다.

일본이 우리에 앞서서 주택시장 장기침체를 겪었는데 우리가 혹시 일본의 장기침체 전철을 밟는 것은 아닌지도 걱정스러웠다.

"우리나라 주택시장이 계속 이렇게 추락하지는 않을 것으로 봅니다. 일본 얘기를 하셨는데 일본과 우리는 다릅니다. 그리고 사실 여러 가지 여건으로 봐서 주택 경기가 바닥에 온 것이 아닌가 판단하고 있다는 말씀을 드리고 싶습니다."

귀가 번쩍 뜨이는 얘기를 했다. 주택 경기가 바닥을 찍었다는 말을 한 것이다. 정말 바닥을 친 것일까?

우선 일본의 장기침체와 우리 경우가 다르다는 말에 대한 설명부터 들어보자.

그의 설명은 구체적인 수치를 정확히 제시하는 논거였다. 팩트를 제시하면서 주장을 펼치다 보니 상당히 신뢰감이 들었다. 역시 주택과 금융의 전문가다웠다.

"일본과 우리는 전혀 다른 몇 가지 요소가 있습니다. 첫째 주택의 수급 상황입니다. 일반적으로 선진국에서 인구 1,000명당 주택수를 약 400채로 보는데 가구당 평균 인원이 2.5명이거든요. 그러면 400채 정도를 가지면 주택보급율이 100퍼센트인데, 거기에 10퍼센트를 더해서 440채를 공급하게 되면 이른바 완전 공급이라고 봅니다."

10퍼센트를 더하는 이유는 빈집이 생기기 때문이다. 이사를 다니면서 생기는 마찰적 공가가 있고 쓸모없는 집들인 폐가도 있다. 세컨드홈도 있다. 별장과 같은 개념이다. 10퍼센트는 그래서 필요한 것이다. 440채를 최고 수준으로 보는 것이다. 주택의 완전 공급 상태가 되는 것이다. 일본의 경우는 어떤가?

현재 일본은 전국이 이미 460채라고 밝혔다. 1,000명당 주택수가 최고 수준을 넘어선 것이다. 집들이 남아드는 것이다. 단순 계산으로도 20채가 남는다. 수요와 공급을 따졌을 때 집값이 떨어질 수밖에 없는 구조다.

한 술 더 떠서 도쿄 일대는 500채를 넘어섰다고 한다. 정확히 507채라고 말했다. 이미 1980년대 말 상황이다. 포화 상태다. 그럼 왜 집들이 남아도는데 계속 집을 공급했을까? 추락하는 국내의 경기를 건설 경기로 뒷받침하다 보니 주택 공급이 계속 이뤄졌다는 것이다. 과잉공급 상태에 있기 때문에 일본은 상당 기간 침체 국면에서 벗어나기 힘들 것이라는 전망이다.

우리의 경우는 어떤지 궁금했다. 일본에 비해서 많이 모자랄 것은 뻔했다.

"우리는 이제 인구 1,000명당 전국이 360채입니다. 완전 공급인 440채에 비해서 아직 멀었고요. 수도권은 354채에 불과합니다."

서울과 수도권에 그토록 많은 아파트를 지었는데도 불구하고 이렇게 집이 부족하단 말인가? 우리 상황이 일본과는 비교조차 되지 않았다. 그럼 일본의 전철을 밟지는 않겠다는 안심이 들었다.

"수급 상황이 일본과는 전혀 다르다는 점을 알아야 합니다. 일본 같은 경우는 버블로 인해 경제성장률이 2퍼센트를 넘지 못했잖아요. 우리는 3.4퍼센트의 경제성장을 했습니다. 인구구조상으로도 일본은 이미 정체에 접어들었지만 우리는 2030년까지 인구증가세가 유지될 것이라고 통계청이 발표했죠. 외국인에 대한 고용정책이 일본보다 훨씬 개방적이기 때문에 최근에 증가하고 있는 외국인의 속도를 봐서도 우리는 일본과 다르다고 봅니다."

서종대 사장의 진단대로라면 우리는 일본의 20년 장기침체, 장기추락으로 가지는 않을 것 같다. 물가 상승률 1퍼센트를 달성하라는 것이 일본 정부와 정치권의 바람이다. 물가 상승을 걱정하는 우리와는 전혀 다른 양상이다.

일본의 중앙은행인 일본은행이 작년 말 1퍼센트 물가 상승 달성이 어렵다고 발표하자 정치권에서 비판이 쏟아졌다. 좀 더 과감한 정책으로 물가를 올리라는 주문이었다. 지난 20년간 디플레이션을 경험하면서 물가 하락은 소득 감소와 일자리 감소, 정부부채 확대 등으로 이어졌다. 1980년대 집값 폭등으로 망국론까지 나왔지만, 이제 일본에서는 집값은 하락하고 주가는 떨어지는 것이 국민 상식처럼 되어버렸다. 재테크라는 신조어를 만들어낸 일본인들이지만 정작 재테크를 잊은 지 오래다. 예금금리가 연 0.1퍼센트에도 미치지 못하고 있다. 집을 사면 손해라는 생각이 뿌리 깊게 자리하고 있다. 일본의 집값은 계속 떨어질 것이다.

2.
부동산 경기
바닥을 찍었다

주택 경기가 바닥을 찍었다는 그의 자신 있는 대답이 어떤 근거에서 나온 것인지 물었다.

그는, 유럽발 재정위기가 더 악화되지 않는다는 전제하에 늦어도 2013년 상반기에는 수도권 주택시장도 분위기가 바뀔 수 있다고 본다고 말했다.

"상당수 사람이 우리나라 주택 경기가 전체적으로 어려움을 겪고 있는 것으로 보고 있는데 작년 한 해 동안 우리나라 집값 상승률이 전국이 6.9퍼센트입니다. 수도권은 1퍼센트 내외밖에 오르지 않았지만 지방은 약 14퍼센트가 올랐습니다. 그렇기 때문에 우리나라 전체 주택 경기가 계속 침체한다고 보는 것은 수도권 사람들의 생각일 뿐입니다."

사실 서울을 비롯한 수도권의 아파트값이 자고 나면 몇 천만 원, 일주 일에 1억 원씩 오르던 시절이 있었다. 이제는 기억조차 까마득한 옛날 얘기처럼 들리지만 말이다. 그때 그렇게 잘나가던 시절, 지방의 아파트 값은 제자리를 맴돌았다. 이제 조금씩 격차가 줄어들고 있는 셈이다. 전에는 수도권 아파트 한 채를 팔면 지방에서 두세 채를 살 수 있었다. 그러나 이제는 불가능해진 것이다.

2011년 말, 한 부동산 전문포털에서 전국 아파트를 대상으로 3.3제곱미터당 평균 매매 가격을 조사해서 결과를 발표한 적이 있었다. 조사 결과, 서울을 포함한 수도권은 1,217만 원, 인천을 제외한 5대 지방광역시는 627만 원으로 나타났다. 이미 2011년에 지방광역시 아파트 가격이 수도권의 51.5퍼센트로 절반을 넘어선 것이다. 수도권 아파트값 대비 지방광역시 아파트값 비율은 2008년 3분기까지만 해도 37.8퍼센트로 3분의 1을 조금 넘는 수준이었다. 즉, 서울에서 한 채를 팔면 지방광역시의 아파트 세 채를 살 수 있었다. 그것이 불과 3년 만에 13.7퍼센트 포인트 올라간 것이다. 2011년 말 기준이니까 지금은 이 격차가 더 줄었을 것이다.

지방과 수도권의 아파트 매매 가격 차이가 줄어든 것은 2008년 글로벌 금융위기 이후 수도권 주택시장이 침체에 빠져든 반면, 지방은 공급 부족에 따른 가격 상승세가 뚜렷하기 때문이다. 주택시장의 침체는 서울을 비롯한 수도권 주민들만의 착각이라는 것이다.

"수도권은 왜 활성화가 안 되느냐? 결국은 주택시장도 수요와 공급으로 움직입니다. 지방은 최근 몇 년 동안 거의 공급이 없었기 때문에 공급에 막혀서 이렇게 다시 살아나고 있고, 수도권은 수도권 2기 신도시와 이명박 정부 들어서 야심차게 추진한 보금자리주택으로 일시적인 공급 과잉 상태에 있습니다. 인구유입도 많이 저하되고 있고 인구구조도 변화되고 있고, 이런 여러 요인들이 겹쳐 있기 때문에 수도권의 침체가 지속되고 있는 것입니다."

그렇다면 이제 거꾸로 지방의 온기가 서울을 비롯한 수도권 주택시장으로 옮겨와야 하는 것일까?

"수도권 주택시장이 일본처럼 계속 추락으로 갈 것이냐? 그렇지는 않다고 봅니다. 기본적으로 수도권도 어느 정도 10년 주기설이나 전세가와 집값의 비율 등 여러 가지 요인으로 봐서 그렇다는 거죠. 정부도 주택 경기를 살리기 위해서 백방으로 방안을 모색하고 있고 새로 출범하는 다음 정부도 주택 경기 활성화에 여러 가지 정책을 취할 것이기 때문에 결국 수도권도 바닥을 칠 때가 되지 않았나 보는 겁니다."

10년 주기설이라는 것이 부동산업계에 회자된다. 10년 대주기는 부동산시장이 10년마다 장기 순환한다는 것이다. 실제 과거 사례가 그러했다. 1970년대 말과 1980년대 말, 10년 단위로 부동산시장이 각각 상승기를 맞았다. 1차 주기로 불리는 1970년대 말은 중동특수에 따라 시중에 자금이 넘쳐나면서 부동산시장에 투기 열풍이 불었다.

10년 뒤인 1980년대 후반에는 분당과 일산 등 수도권 1기 신도시 개발계획 발표와 연 10퍼센트대 경제성장이 맞물리면서 부동산시장이 폭등했다. 부동산시장 전체가 요동쳤다. 이때가 2차 주기다.

1990년대 말에는 앞선 1, 2차와 달리 폭등이 아닌 폭락을 경험했다. IMF 외환위기라는 전대미문의 사태를 맞았기 때문이다. 국가부도의 위기까지 내몰리면서 부동산시장은 단군 이래 최대 폭락을 맛봐야 했다.

공교롭게도 외환위기 이후 10년이 지난 2008년, 본격적인 부동산침체가 시작됐다. 4차 주기였던 셈이다. 앞선 1, 2차가 폭등세였다면 3, 4차는 침체기인 셈이다. 물론 학계나 연구기관에서는 10년 주기설에 큰 의미를 두지 않는다. 그러나 사정이 급박해지면 이런 것에도 귀가 솔깃해진다.

주기상으로 이제 침체의 늪에서 벗어날 때가 된 것이다. 바닥을 찍었다면, 지금 집을 사야 하는 것인가?

"집을 사는 것에 대해서는 견해를 달리 합니다. 집값이 오르든 내리든 결혼을 하면 무조건 집을 사는 것이 좋습니다. 집을 사지 않고 만일 현금을 갖고 있으면 그것이 저축이 되겠습니까?"

재테크 측면에서라도 집을 사라는 서종대 사장의 조언이었다. 물론 내 집 마련은 집 없는 모든 이의 바람이다. 살 수 있는 형편이 되면 집을 사라는 것이다.

"선진국으로 갈수록 직장을 잡고 결혼을 하면 바로 집을 삽니다. 우리 같은 주택금융공사의 장기저리 고정금리대출을 받아서 집을 사는 것이 가장 먼저 하는 일이거든요. 최근에 갑자기 집값이 떨어지고 금융투자 쪽에 눈을 많이 돌리다 보니깐 집을 사는 것은 바보 같은 일이라고 하는데, 결혼한 이들은 가정의 안정적인 생활을 위해서라도 집을 사는 게 맞고요. 결국 평생 살 집이라면 시기적으로 어느 시기에 사든 큰 차이가 없다고 봅니다."

그렇다. 목돈이 들어가는 집을 산다는 것은 어쩌면 무리해서라도 구입하면 나중에 자산이 되는 것이다. 살 때보다 집값이 오를 것이라는 전제가 있어주면 더 좋겠지만 말이다.

주식과 마찬가지로 주택도 바닥에 왔을 때 구입하길 원한다. 그러나 신이 아닌 이상 바닥이 어딘지 알 수 없는 것이고 바닥이라고 믿었다가 지하실로 내려갈 수도 있는 것이 주식이나 주택 가격이나 마찬가지다. 현재 상황은 더 불확실하다. 다만, 서종대 사장은 자신 있게 말했다.

"2012년 하반기에 집을 사면 크게 후회하지는 않을 것입니다."

물론 전제가 있다. 외생변수다. 유럽발 재정위기와 대외변수가 더 나빠지지 않는다는 전제 말이다. 그러면 더 떨어질 가능성도 있다. 유럽 사태가 더 나빠지지만 않는다는, 중동에서 전쟁이 터지지만 않는다는, 미국에서 또다시 금융위기가 재발하지 않는다는 전제가 필요하다.

그런데 결국 내가 살 집이다. 과거처럼 몇 억 원씩 값이 올라서 소위 재미를 보자는 생각은 이제 기대하기 어렵다. 그렇다면 좌고우면左顧右眄할 필요가 없지 않은가.

3.
집이
팔릴 수 있도록 하자

서종대 사장은 오랜 기간 공직에서 주택 관련 정책을 펴온 주택 분야의 전문가다. 특히 노무현 정부 때 분양가상한제 등 부동산 규제책을 추진하는 핵심 정책책임자였다. 그랬던 그가 2007년, 부동산값 하락세가 6년 정도 지속될 것이라는 전망을 내놨다가 업계로부터 집중적으로 십자포화를 맞았다.

기억을 더듬어보자. 당시는 폭등하는 집값을 잡기 위해 정책이 집중되던 시기였다. 그러던 중 2005년 1월 이후 2년 3개월 만에 서울과 수도권을 포함한 전국의 집값이 모두 하락세로 돌아선 것이다. 전국의 집값이 동시에 떨어진 것은 몇 년간 상승세를 유지하던 집값 동향에 중요한 변곡점이 될 전망이라는 분석이 쏟아졌다. 집값이 떨어지자 당시 건설교통부 주거복지본부장이었던 그는 이렇게 말했다.

"주택 가격이 이처럼 전반적으로 한 번 꺾어지기 시작하면 더 빨리 내려가는 성향이 있다"며 "이사철도 끝난 만큼 주택 가격의 상승 요인이 없어 앞으로 집값의 하락 안정세는 과거의 경험수치로 봤을 때 6년가량 지속될 것으로 보인다"고 밝힌 것이다.

당시 서종대 본부장은 또, 주택 가격의 폭락 가능성에 대해서는 "주택 가격이 저렴한 지역을 중심으로 실수요자의 거래는 꾸준히 이어지고 있다"며 "정상적인 거래가 원만히 진행된다면 그동안 거품이 끼었던 지역은 집값이 떨어지겠지만 전국적으로 거품이 끼지 않은 지역은 안정세를 유지할 것이다"라고 말했다.

2007년에서 정확히 6년이 지났다. 이제 2013년이 됐다. 그의 예언대로라면 6년 동안 지속된 집값 하락세가 끝나는 시기다. 그래서 그의 부동산시장 진단이 관심을 끄는 것이다. 그때와 지금 상황은 어떻게 다른 것일까?

"시장을 예측할 때 진단의 기본은 수요와 공급을 보는 것입니다. 가격은 결국 수요가 더 많이 늘어나느냐 공급이 더 늘어나느냐에 달린 상황인데 참여정부 시절에는 수요는 굉장히 늘어나고 있었는데 공급이 거의 안 되는 상황이었거든요. 이전 김영삼 정부 때나 김대중 정부 때 택지개발을 거의 못했습니다. 그게 누적돼서 참여정부 들어와서 주택 수요가 급작스럽게 늘어났는데 택지가 없기 때문에 공급이 안 되지 않았습니까? 그래서 결국 수요 억제정책을 취할 수밖에 없었고요. 참여정부 때 택지지정을 많이 했습니다. 정상보다 150퍼센트를 지정해놔서 특히 수도권에는 2기 신도시, 국민임대단지 등으로 해서 많은 공급여력을 확보하고 있기 때문에 수도권은 공급과잉 상태를 보이고 있는 것입니다. 그래서 현재 주택시장을 진단하는 관건은 역시 수요와 공급입니다."

수도권이 약세를 면치 못할 것이라는 분석이다. 공급과잉이기 때문이다. 그렇다면 수도권에 비록 한정된 상황이긴 하지만 주택 경기가 죽어 있다. 말 그대로 주택시장도 수도권과 지방의 양극화가 빚어지고 있다.

그에게 서민주거복지와 함께 주택시장 활성화를 위한 해법을 물었다.

"결국 서민들이 당장 집을 사기 어려운 이들이거든요. 전세나 월세를 사는 사람들, 또 집 살 능력은 있는데 여러 가지 상황을 보고 있는 이들, 또 내 집을 갖고 있지만 현금이 부족해서 고생하는 이들, 이렇게 나뉘는데, 첫 번째 내 집을 당장 마련하기 어려운 이들은 임대주택을 봐야 합니다. 저렴한 임대료로 정부가 도와주는 것이 가장 좋습니다. 임대주택 공급을 늘려서 그들이 편하게 살 수 있도록 해주는 것이 필요하죠. 그래서 우리 회사에서 전세보증이라는 제도를 통해 공사가 보증을 해드리고 은행에서 싼 금리로 이자를 내면서 전세자금을 빌려 쓰도록 하고 있습니다. 그리고 집 살 능력이 조금 되거나 집값이 떨어지기 때문에 기다리고 있는 이들은 언제 살 것인가 굉장히 고민스럽습니다. 그런데 집값이 오르기 시작하면 매물이 없습니다. 바로 매물을 다 거둬들이거든요. 언제 사느냐 시기를 파악하기 어렵지만 무주택자라면 집을 사는 게 괜찮습니다."

금리도 낮은 수준이다. 최근 20년 동안 가장 낮은 국채금리를 보이고 있다. 지금 집을 산다면 큰 문제가 없을 것이라고 보는 이유 중 하나로

금리가 낮다는 점을 들었다.

집을 가졌지만 유동성이 부족한 사람들, 즉 하우스푸어 문제를 푸는 해법은 어떻게 접근해야 할까? 간단했다. 집이 팔릴 수 있도록 정책적으로 도와야 한다는 것이다. 그는 거래 활성화를 시켜줘야 한다고 주문했다. 거시적인 정책들이 동원돼야 한다는 것이다. 전반적으로 구매력을 높여주고 구매심리를 회복하기 위해서는 시장 자체가 활성화될 것이라는 기대감을 줘야 한다고도 말했다.

그는 또 구매력을 높이기 위해서나 금리부담을 낮추기 위해 저금리로 자금을 빌려준다든지, 취득 비용을 줄여주기 위해 보유세나 이전과세를 줄여든다든지 하는 정책들을 복합적으로 써야 한다고 밝혔다. 새 정부의 정책입안자가 귀담아들어야 할 내용이 아닐까 싶다.

4.
올해의 히트 상품
적격대출

서종대 사장은 대뜸 우리나라 은행들의 주택담보대출에 문제가 많다고 지적했다. 즉, 주택담보대출이라는 것이 내 집 마련을 도와주는 대출이라고 보기 어렵다는 것이다. 이유가 궁금했다.

"시중은행 주택담보대출은 3년 만기 일시상환 변동금리거든요. CD 변동금리대출이거든요. 금리 자체가 CD나 코픽스에 연동되는 금리입니다. 더구나 한 푼도 원금을 갚지 않다가 3년 뒤에 한꺼번에 갚아야 됩니다. 그런데 3년 뒤에 몇 억 원씩 빌려서 갚을 수 없잖아요. 결국 3년마다 연장을 하는 구조로 돼 있습니다. 이게 가계부채에 굉장히 나쁜 영향을 줄 수 있습니다. 최근 집값이 떨어지니깐 LTV 제한에 걸려서 일부를 갚아야만 연장이 되는 문제가 생겼습니다. 최근의 하우스푸어는 이런 데서 비롯된 것입니다. 정부도 문제가 있다고 보고 작년에 전체 주택담보대출의 30퍼센트를 고정금리로 하겠다고 발표한 적이 있죠."

3년 뒤에 목돈을 갚을 수 있는 사람은 거의 없다. 그의 설명대로 현행 주택담보대출 절차는 문제가 있다.

"저희 공사의 유동화가 주효합니다. 유동화라고 하는 것은 시중은행에서 주택담보대출을 하면 고정금리로 저희 주택금융공사가 가져다가 증권을 발행, 현금화시켜서 금리 리스크와 유동성 리스크를 제거해주는 것입니다. 금년에 마침 정부에서 그런 목표를 주고 이번에 적격대출을 출시해서 은행과 협조를 했습니다."

고정금리 주택담보대출 상품이 적격대출이다. 올해의 히트 상품이기도 하다. 그런데 이 상품을 내놓자, 처음에 대부분의 은행들이 취급을 꺼렸다고 그는 털어놨다. 스탠다드차타드은행과 시티은행 등 외국계 은행이 이 상품의 대출구조를 이해하고 가장 먼저 도입했고 나머지 시중은행들이 뒤따라 왔다고 한다. SC 같은 경우 하루 5백억 원의 대출 실적을 내기도 했다고 한다. 농협과 하나은행이 최근 출시했고 9월부터는 대부분의 은행들이 출시를 해서 장기고정금리 담보대출을 취급하게 될 것이라고 밝혔다. 금융권 전체 담보대출 규모가 390조 원이라고 했다. 이 가운데 은행권이 310조 원을 차지하고 있다. 은행권 대출의 대부분이 단기변동금리, 3년 만기 변동금리 일시상환 상품이라고 한다.

"선진국의 경우 80퍼센트 이상, 미국은 90퍼센트 이상이 장기고정금리 상품이거든요. 우리나라에 주택금융공사의 보금자리론 정도가 장기고정금리입니다. 순수 고정금리 상품이 없었는데 이번에 나온 적격대출은 순수고정금리입니다. 이 상품으로 빠르게 전환될 것이라고 봅니다. 앞으로 우리나라 주택대출시장, 내 집 마련 대출시장에서는 적격대출이 대세로 갈 것입니다."

상당히 자신 있는 목소리였다. 서종대 사장은 주택과 금융 분야의 전문가로서 주택 분야가 어떻게 돌아가는지 그 메커니즘을 잘 알고 있기에 금융 분야에 주택시장을 접목할 수 있었던 것이다.

히트 상품은 어느 날 하늘에서 뚝 떨어진 것이 결코 아니다. 그런데 한 가지 의문이 생겼다. 한국은행 금융통화위원회에서 기준금리를 결정하는데 금리를 올렸다는 소식을 접한 지 오래됐기 때문이다. 즉, 저금리 시대를 넘어 초저금리 시대로 가고 있는데 고정금리로 묶어두면 소비자 입장에서는 오히려 손해가 아닐까 싶었다. 금리 0.1퍼센트 포인트도 적잖은 액수이기 때문이다. 그래서 물어봤다. 소비자가 불리한 게 아니냐고 말이다.

"꼭 그렇지는 않습니다. 어떤 언론에서 그렇게 보도를 해서 저희가 다시 한 번 확인을 해봤습니다. 주택금융공사에서 취급하는 보금자리론의 평균금리가 20년 이상 장기대출금리이기 때문에 이론상으로 변동금리보다 항상 높아야 되는데, 금년 5월 1일 기준으로 시중은행 변동금리 평균보다 낮았습니다. 적격대출을 취급하는 은행들이 고정금리대출 상품의 금리를 빠르게 낮추고 있습니다. 시중은행에서 취급하는 변동금리 상품보다 오히려 낮아지고 있는 것이죠. 저희 공사도 추가로 금리를 인하할 계획을 갖고 있기 때문에 고정금리 상품이 꼭 불리하지는 않습니다. 금리가 낮아지는 추세이기 때문에 고정금리로 하는 게 불리하다고 하는데, 만약 반대로 고금리 시대가 되면 뒤늦게 변동금리에서 고

정금리로 갈아타려 하겠죠. 그런데 그때는 이미 고정금리도 오른 상태
가 됩니다. 또 한 가지 좋은 것이 고정금리대출을 받고 나서 3년에서 5
년이 지난 뒤 고정금리가 낮아졌으면 낮아진 고정금리 상품으로 갈아탈
수 있고 금리가 높아지면 그대로 현 상태의 낮은 금리를 유지할 수 있습
니다. 여러 가지 이유로 고정금리가 훨씬 유리하죠."

소비자 입장에서는 고정금리인 것이 사실 속 편하다. 매달 일정액을
미리 염두에 둘 수 있기 때문이다. 더불어 금리변동 추세를 일일이 신경
쓰지 않아도 된다.

5. 국민을 섬기는 자세로 일하라

주택금융공사의 주택연금 가입고객이 빠른 속도로 증가하고 있다. 주택연금이란 역모기지 상품으로 보면 된다.

"2007년 도입했고 그해 500명 정도 가입했습니다. 작년에는 3,000명이었고, 금년에는 5,000명 정도 가입시키려고 많은 노력을 하고 있습니다. 60세를 넘으신 분들은 자식들을 위해서 많이 희생을 하셨지만 정작 본인들을 위해서 준비한 게 없지요. 3억 원짜리 집을 만일 70세에 가입하시면 한 달에 103만 원 정도를 받습니다. 노후에 안정적인 소득원이 됩니다. 주택연금이 인기가 있는 까닭이지요. 일부 금융권에서는 어르신들에게 집을 팔아서 현금을 확보하라고 하는데 그 방법에는 반대합니다. 어르신들이 현금을 갖고 있으면 자식들이 가만히 있을까요?"

돈이 없으면 부모 대접도 못 받는 시대다. 자식을 위해 모든 것을 희생한 부모들의 최후 보루마저 고스란히 날아갈 수 있다.

"주택연금을 가입하면 일체 다른 금융기관에 담보제공이 안 됩니다. 그래서 흔히 자녀들이 사업하다 어려우면 담보로 제공해달라는 요구나 부탁을 해서 집까지 없애는 경우가 많은데 그럴 위험도 없고요. 당장 갚아야 할 의무도 없습니다. 돌아가실 때까지 지급하고 본인한테 손해가 전혀 없는 것이 지급한 연금보다 나중에 집을 팔았을 때 집값이 모자라는 경우 저희 공사가 책임을 지게 됩니다. 반대로 남으면 자녀한테 상속을 해줍니다."

백세 시대가 도래했다. 은퇴 이후 살아갈 날들이 너무 많다. 오래 살아도 걱정인 세상이다. 경제력 때문이다. 그래서 등장한 것이 주택연금이다. 서종대 사장의 말대로 3억 원짜리 집으로 주택연금에 들면 사망 시까지 매달 103만 원을 받는다. 연금으로 받은 돈이 3억 원을 초과하더라도 그 차액은 주택금융공사가 부담한다는 것이다. 일찍 사망하게 된다면 반대로 상속도 가능하다. 금융자산 없이 집 한 채가 재산의 전부인 대다수 서민에게는 아주 적합한 노후보장이 되지 않을까 싶다.

"작년까지만 해도 자식들이 반대해서 부모들이 가입 못하는 경우가 많았는데 금년 들어서는 자녀들이 손잡고 와서 가입시키는 경우가 많습니다. 왜냐하면 자녀들 입장에서도 부모들이 90까지 사시는데 상속을 받는다 해도 60세를 넘어야 상속을 받습니다. 환갑을 넘긴 나이에 받는 상속은 사실 의미가 없거든요. 30, 40대 때 가장 돈이 많이 들어가는데 부모들이 주택연금에 가입 안 하면 오히려 용돈을 드려야 하기 때문에 이런저런 이유로 자녀들이 가입 권유를 하는 경우가 많아졌습니다."

6.
정직하게 정성을 다하면 성공한다

서종대 사장은 자타가 공인하는 주택 전문가에서 금융 전문가까지 욕심도 많은 사람이다. 한 분야만 하기도 벅찬데 말이다. 그의 경영철학이 궁금해졌다.

"금융 전문가라고 하기에는 아직 일천하고요, 배우고 있습니다. 경영철학이라기보다는 저희가 공기업이기 때문에 주인이 국민이지 않습니까? 직원들한테 늘 강조합니다. 국민을 섬기는 자세로 일하라고 말이죠. 왜 우리가 국민을 섬겨야 하나? '국민이 주인이고 우리는 국민의 종이기 때문이다' 이런 생각을 갖고 있습니다."

그는 "국민이 주인이고 자신은 국민의 종이다"라고 말했다. 철저히 낮은 자세로 국민을 위해 일한다는 그의 마음가짐이 놀라웠다. 말만 앞세우는 것이 아니라는 생각이 들었다. 그는 오랫동안 정부 고위 관료로 입신했던 사람이다. 은행처럼 민간기업 출신이 그렇게 말했다면 진정성을 의심했을지도 모른다. 그에게서는 강한 진정성이 느껴졌다.

"늘 국민을 섬기는 자세로 일해야겠다고 생각합니다. 제가 사장으로 취임하면서 공사가 제시했던 여러 가지 목표들을 단순화시켰습니다. '월세 사는 사람은 전세 살게, 전세 사는 사람은 내 집 마련하게 도와드리자'로 말입니다."

이보다 더 함축적인 목표가 어디 있을까 싶다.

"국민들이 볼 때 알기 쉽게 하자는 거죠. 사실 월세 사는 사람은 전세 살고 싶잖아요. 목돈이 없어서 그렇죠. 저희가 전세 보증해드리면 전세 보증으로 은행에서 목돈을 빌려서 전세로 바꿀 수 있습니다. 소형일수록 월세 내는 금리가 10퍼센트에 가깝고요. 금융권에서 전세로 융자받으면 5퍼센트대로 받거든요. 이자 부담이 절반으로 줄어듭니다. 내 집 마련을 하는 경우는 보금자리론이나 적격대출을 통해서 낮은 금리로 돈을 빌려드립니다."

보금자리론 중에는 정부가 일정 부분 이자를 지원해서 아주 싸게 빌려 쓸 수 있는 자금도 있다. 우대형 상품이다. 연소득 5,000만 원 이하인 경우 최저금리가 3.6퍼센트에서 4.4퍼센트까지 제공이 된다고 했다. 싼 금리로 돈을 빌릴 수 있도록 나머지 이자는 정부에서 지원해준다고 했다.

주택금융공사의 사장이지만 그의 말을 듣다 보니 6년 전 건설교통부 주거복지본부장 시절이 연상되었다. 그도 인터뷰 말미에 주택금융공사는 주거복지의 종합적인 지원기관이고 또 그런 생각으로 일하고 있다고 말했다.

주택금융공사의 비전과 지향점이 무엇인지 물었다. 그는 세계 최고의 주택금융 전문기관이 목표라고 말했다. 다음은 서종대 사장의 설명이다.

"외국 유수의 주택금융기관들이 있지만 최근 미국 서브프라임 모기지 사태로 명성들이 많이 훼손됐습니다. 그런데 우리는 그동안 DTI나 LTV를 안정적으로 관리해서 잘나가고 있는 편이고, 우리 주택금융공사도 빠르게 영역을 넓혀가고 있습니다. 최근 시중은행 전체와 협조해서 적격대출을 출시한 것이라든지 징검다리 전세론이라고 해서 제2금융권의 대출까지 편하게 옮겨 타는 제도를 실시하고 있습니다. 또 MBS라고 외국에서 발행되는 커버드본드 외화채권도 발행하고 있습니다. IT 분야에서 빨리 가는데 금융 분야도 빠른 발전이 있을 수 있다고 보고 주택금융공사도 그런 목표를 갖고 일하자 하고 있습니다."

그에게 삶의 모토도 소개해달라고 했다. 그는 일할 때 늘 정직하고 정성을 다해서 바르게 하자는 것이 모토라고 했다. 아주 평범하지만 가장 어려운 것이 아닐까 싶다.

그는 사람을 대할 때마다 겸손하고 부드럽고 오래 참는 연습을 해야겠다는 것도 덧붙였다. 건교부 주거복지본부장과 주거복지 종합지원기관의 사장, 그리고 보니 주택금융공사 사장에 서종대라는 인물만큼 적합한 자격을 갖춘 사람도 드물 것이라는 생각이 들었다.

처음 만나자마자 '금융기관에 비금융인이 웬 말이냐?'라는 투로 물은 것이 엄청난 실수였음을 깨달았다.

Chapter 6

부동산과 금융의 결합,
부동산신탁을 주목하라

_코리아신탁 조용운 대표

- 동아대 경영학과
- 미 미시간주립대 도시계획 및 토지이용, 지역개발관련 연구 과정 수료
- 한국토지공사
- 한국토지신탁
- 다올부동산신탁 대표이사
- 현 코리아신탁 대표

1.
부동산신탁회사에서
돼지를 기르다

부동산신탁회사가 무엇을 하는 곳인지 알고 있다면 당신은 꽤 부자이거나 경제상식이 해박한 사람이거나 둘 중 하나일 것이다. 많은 사람이 부동산신탁을 잘 모른다. 코리아신탁의 조용운 대표를 만나 그 실체를 벗겨보기로 했다.

"부동산신탁회사는 위탁자와 수탁자 사이에 특별한 신임信任관계를 기초로 해서 위탁자가 부동산을 수탁자인 신탁회사에 맡기고 그 맡긴 부동산을 활용하여 부동산을 개발하거나 담보로 해서 금융을 일으키거나, 부동산을 처분할 때 신탁사의 기능을 활용하는 등의 일을 하는 회사입니다. 국내 부동산신탁회사가 11개 있는데, 저희 코리아신탁은 11개 회사 중 제일 막내입니다."

그는 영업 3년차에 접어들고 있다고 했다.

부동산신탁의 정의를 내려주긴 했지만 그래도 쉽게 이해가 가지 않는다면 이렇게 생각해보자. 예를 들어 서울 명동에 상가 건물을 갖고 있는 40대 남성이 있다고 치자. 사정이 생겨 외국에 몇 년 동안 파견근무를 나가게 됐다. 건물을 맡기고 떠나야 하는데 맡길 만한 사람이 없다. 건물을 팔고 떠나야 하나 고민에 빠질 것이다.

10층 건물로 입주해 있는 점포들도 많아서 평소 이 남성은 직원을 두고 직접 관리를 했었다. 건물관리부터 임차인관리까지 해야 할 일이 상당히 많은 편이다. 외국에 나가게 되었으므로 이를 직접 관리하는 것은 불가능하다. 이때 부동산신탁을 이용하면 된다.

사실, 아직 우리나라에서 신탁제도는 그리 보편화되지 않은 상태다. 그러다 보니 부동산신탁이라는 회사에 대해 잘 모르는 것이 어쩌면 당연할지도 모른다.

부동산의 관리신탁이란 신탁업 인가를 받은 기관이 비용을 받고 부동산 소유권을 신탁받아 신탁계약에 정한 바에 따라 엄선된 전문 업체를 통해 간접적으로 임대차관리와 시설관리를 대행하는 것이다. 이로부터 발생하는 임대수익 등의 선순위 수익자는 본인이 된다. 신탁을 맡기면 공신력 있는 수탁기관을 통해 건물을 지속적으로 투명하고 전문적으로 관리해나갈 수 있다. 그래서 믿고 맡긴다는 뜻으로 신탁이라는 명칭이 된 것이다. 소유권이 신탁회사로 이전되기 때문에 소유권이 보호되고, 임대수익 등에 대해서 특정금전신탁과 연결할 경우 자금운용도 전문적으로 가능해 원하는 대로 수익률관리를 할 수 있다는 장점이 있다.

지금 소개한 것 같은 관리신탁 외에 처분신탁과 유언신탁으로 부동산신탁 상품을 활용할 수 있다.

처분신탁은 부동산 매각을 대행해주는 신탁이다. 통상 금융회사는 신탁계약을 통해 위탁자로부터 부동산을 수탁받아 다양한 처분 활동을 수행하고, 부동산이 처분된 경우 발생하는 처분수익을 위탁자 또는 위탁자가 지정하는 수익자에게 돌려준다. 반대로 부동산을 사들일 때도 이용할 수 있다. 이들을 통하면 다양한 물건을 검토할 수 있고 적절한 가격으로 부동산을 사들일 수 있다.

유언신탁은 생전에는 자신을 수익자로 지정하고, 사후에는 배우자, 자녀 등을 수익자로 지정해 사후 재산승계를 목적으로 하는 신탁이다.

조용운 대표는 코리아신탁이 막내 회사라고 소개했는데, 그럼 후발주자이니 후발 메리트가 있는 것인가?

"후발주자이다 보니 새로운 상품을 개발하려고 하는데 그중 하나가 양돈 사업입니다. 돼지 축산농가의 농장을 담보로 해서 벌이는 사업인데요. 백 마리의 돼지를 사육하는 데 필요한 자금이 예를 들어 백만 원이면 이보다 두세 배 많은 이삼백만 원을 농장이나 현금 흐름을 활용, 조달하여 사업 자체를 늘려 돼지를 이삼백 마리 키울 수 있는 것이죠. 이런 식으로 수익을 내게 되면 훨씬 규모가 커지고 규모의 경제를 이룰 수 있는 겁니다."

은행에서 융자를 받아 돼지 사육 두수를 늘리면 되는 것인데, 왜 굳이 부동산신탁회사를 이용해야 하는 것일까? 은행은 어딜 가나 있지만 부동산신탁회사는 찾기 힘들지 않은가.

"양돈농가와 금융기관을 여럿 모아서 일종의 집합체를 만듭니다. 돼지농장에 가면 갓 태어난 놈부터 출하되는 놈까지 다양하죠. 그렇게 계속 돼지들이 나오니깐 돼지를 팔아 만든 자금을 신탁사가 관리하면서 금융기관의 원리금을 상환하고 사료비를 비롯한 운영 자금을 대주는 형태로 운영되는 방식입니다."

부동산신탁회사와 돼지농장과는 쉽게 연결이 되지 않는다. 부동산신탁시장의 사정이 그만큼 어려운 것인가?

2012년 현재 대한민국 부동산신탁회사는 모두 11개다. 앞서 소개한 대로 코리아신탁이 맨 마지막에 설립됐다. 그러나 금융권의 부동산 PF 대출 축소와 건설 경기침체로 부동산신탁 전업사들이 영업에 어려움을 겪고 있다. 업체 간 과열경쟁도 신규 사업을 확보하는 데 걸림돌이 되고 있다.

금융감독원의 2012년 상반기 부동산신탁회사의 영업실적 분석자료를 보면 업계 1위인 한국토지신탁과 코리아신탁을 포함한 국내 11개 부동산신탁회사의 6월 말 수탁고는 146조 1,000억 원이다. 이는 전년 대비 2조 6,000억 원, 1.7퍼센트가 줄어든 수치다.

고위험 고수익의 신탁 상품인 토지신탁은 소폭 늘었지만 관리와 처분, 담보신탁이 줄면서 전체 수탁고가 감소한 것으로 나타났다. 결국 글로벌 금융위기 이후 시작된 부동산 경기침체가 지속되면서 수탁고 감소에도 영향을 미친 것이다.

사실 5년 전만 해도 부동산신탁시장은 7개 전업사가 지배하고 있었다. 하지만 부동산신탁 전업사들이 매년 납입자본금만큼 수익을 올린다는 소문이 돌면서 시장 진출이 활발해졌고 현재 11개까지 늘어난 것이다. 경쟁이 치열해질 수밖에 없는 구조가 된 것이다. 오죽하면 기존의 부동산신탁 전업사들이 금융감독 당국에 부동산신탁시장에 진출하는 신규 사업자 증가로 인해 업계의 수익성과 건전성에 타격이 예상된다며 영업 허가를 더 이상 내주지 말라는 요청까지 했을까.

막내 회사의 대표자리가 녹록치 않을 것이다. 조용운 대표는 양돈 사업처럼 신규 사업을 발굴해 회사를 먹여 살리는 신성장동력으로 키워야 하는 과제를 안고 있는 것이다. 돼지농장 사업이 성공했는지 궁금해졌다.

"저희가 3차까지 진행했는데 1, 2차 공히 캐시플로우가 대출기관 원리금을 다 변제할 정도로 여유가 있고 이런 상품은 꼭 양돈뿐만 아니라 여러 가지 다른 상품에도 응용해볼 수 있지 않을까 싶습니다."

성공의 자신감이 묻어나는 대답이었다. 그는 또 다른 사업으로 변형 확장시키겠다는 포부를 드러냈다. 양돈 사업 외에 또 다른 일을 벌일 것이다.

2.
부동산개발의
새로운 패러다임

조용운 대표에게 침체기에 빠져 있는 부동산시장에 대한 진단과 전망을 부탁했다.

"저는 부동산도 일반 상품과 마찬가지로 시장이 형성되고 가격이 결정된다고 봅니다. 제일 바람직한 것은 수요와 공급의 선순환구조라고 봅니다. 적당한 수요가 발생하고 거기에 맞는 공급이 이뤄지고, 그다음 국민경제나 우리 소득이 증가함에 따라서 적정한 부동산의 자산가치가 보장되는 그런 게 바람직하다고 보는 거죠."

지당한 말이다. 그러나 모두의 바람대로 시장이 움직여주지 않으니 그게 문제다. 그는 결국 실제 집이 필요한 사람들의 소득이 올라가줘야 한다고 말했다. 그런데 세계경제나 우리의 경제나 맥을 못 추고 있으니 문제라는 거다.

수도권의 부동산시장이 침체를 겪고 있는데, 조용운 대표는 과잉 공급 때문이라고 보지는 않는다고 말했다. 금융위기 이전까지 쌓여 있던 미분양 물량이 빠른 속도로 줄어들고 있긴 하지만 과잉 공급은 아니라는 진단을 내렸다. 앞서 다른 전문가들이 내렸던 진단과는 다소 다른 해석이다. 이견의 여지는 있다. 다만, 부동산개발방식의 패러다임이 금융위기 이후 무너졌다는 새로운 얘기를 꺼냈다.

"부동산개발방식의 패러다임이 금융위기 이후 무너졌다고 생각하는데, 그런데 그것을 대체할 만한 새로운 패러다임이 나타나지 않고 있다고 봅니다. 부동산을 개발하면 반드시 금융이 수반해야 하는데 1, 2금융권 모두 PF 문제로 인해 부동산개발 쪽으로 실제 돈이 제대로 공급되지 못하고 있고, 시행사들도 금융위기 이후 대부분 도산하거나 어려움에 처해 있습니다."

원론적 의미의 프로젝트 파이낸싱, 즉 PF란 대출금융기관이 대출받는 기업의 자산이나 신용이 아닌 당해 사업의 수익성과 사업에서 유입될 현금을 담보로 필요한 자금을 대출해주고 사업 진행 중에 유입되는 현금으로 원리금을 상환받는 금융기법이다. 당해 사업은 특별히 독립된 프로젝트회사를 설립하여 운용하고 사업이 끝나면 해산하게 된다.

그런데 실제 현실에서의 PF는 상황이 좀 다르다. 먼저 금융기관이 프로젝트에 자본을 투자하면서 해당 사업의 현금 흐름을 담보로 하지 않는다. 대부분 금융기관은 해당 사업의 시공사인 건설회사에게 연대보증을 지게 한다. 부실이나 그로 인한 피해를 최소화하겠다는 의미다. 관행인데 시공회사가 해당 사업의 참여주체들 중에서 가장 재무구조와 자산 건전성이 우수하기 때문이다.

경기가 좋은 때라면 PF는 좋은 결과를 가져온다. 해당 개발 사업의 모든 참여자에게 상당한 비율의 수익을 남겨주기 때문이다. 문제는 경기가 나쁠 때다. 당초의 사업 계획대로 사업이 추진되지 못하면서 연대보증을 한 시공사는 부실로 인해 시장에서 퇴출당하고 대출을 해준 금융기관들까지도 줄줄이 부실화되어 영업정지 등의 행정처분을 받게 되는 것이다.

저축은행 사태에서 익숙하게 보았던 장면들이다. 대부분의 저축은행들이 PF에서 직격탄을 맞았다. 그렇다면 조용운 대표가 생각하고 있는 부동산개발의 새로운 패러다임은 무엇일까?

"우리나라 부동산개발 패러다임은 제가 신탁에 몸담고 있어서가 아니라 좀 더 합리적이고 투명한 사업 진행이 이뤄질 수 있는 사업방식으로 바뀌어야 합니다. 프로젝트 인증제도라고 하는 것에 대해서도 얘기가 나오는 것을 제가 본 적 있는데, 부동산신탁사가 시행주체가 돼서 사업을 진행하고 금융권은 부동산 사업성을 분석해서 자본을 대는 게 정상이죠. 그런데 지금까지는 누가 보증을 섰느냐, 이 돈을 떼일 염려는 없느냐에 초점을 맞춰 사업을 진행하기에 바빴습니다. 문자 그대로 프로젝트 파이낸싱인데 정작 그 프로젝트의 사업성을 보고 금융을 일으킨 경우가 별로 없다고 봅니다."

뼈아픈 지적이다. 프로젝트 파이낸싱이라는 이름으로 진행된 무수한 사업들에 정작 프로젝트가 없었다는 말이다. 조용운 대표 말대로라면 금융회사는 돈을 떼일 염려에 매몰돼 누가 보증을 섰느냐를 보고 사업

참여를 결정한 것이다. 사업성이나 수익성은 그다음의 문제였다는 것인가? 결국 그의 제안처럼 프로젝트에 대한 인증제도를 도입해야 금융기관의 마음이 놓일 것인가? 정부에서는 재정건전성의 악화를 우려해서 신탁사에 대한 관리감독을 강화하고 있다. 그에게 어떻게 생각하는지 물었다.

"신탁사의 대형화와 건전화가 필요하겠고 신탁사가 부동산개발 사업을 체계적으로 수행해낼 수 있는 역량도 전제된 상태에서 진행된다면 가능하지 않겠나 생각합니다. 7월에 신탁법이 개정됐는데 개정신탁법을 보면 유한책임신탁과 수익권증서의 유동화 문제, 수익권증서 발행신탁 등 이제까지 우리나라에서 이용하지 않았던 새로운 제도들이 도입됐습니다. 그런 새로운 제도들의 도입으로 현재 사업자금 조달방식의 변화를 줄 수 있지 않겠나 생각합니다."

신탁사의 재정 문제 등에 대해 정부에서 관리감독을 강화하겠다는 것은 앞서도 언급했듯 부동산 경기침체가 장기화되고 있는 가운데 부동산신탁회사들은 늘어나면서 자칫 신탁시장 전체가 부실화될 것을 우려해서다. 어느 한 부동산신탁사가 부도난다면 그 파장과 후유증은 엄청날 것이다.

조용운 대표는 정부의 관리감독 필요성에 대해서는 공감했다. 다만, 11개 신탁사의 자구 노력이 필요하다는 것이 전제되어야 한다는 점을 지적한 것이다.

신탁법이 전면 개정됐다. 1961년 신탁법 제정 이후 내용 개정이 전혀 없었던 현행 신탁법에 변화된 경제 현실을 반영하고, 신탁제도를 국제 기준에 부합하도록 개선하자는 취지다. 개정 내용은 그동안 논란이 됐던 신탁선언에 의한 신탁설정 및 재신탁 허용 근거를 신설하고, 수익자의 의사결정 방법 및 신탁 당사자 간 법률관계를 구체화했다. 또 신탁의 합병·분할, 수익증권 및 신탁사채의 발행근거 신설, 유한책임신탁, 유언대용신탁 및 수익자 연속신탁 허용 등 매우 포괄적이고 획기적인 내용을 포함하고 있다.

"또 국민들이 적은 돈으로 부동산에 안전하게 투자할 수 있도록 하는 것이죠. 사실 주식은 십만 원이든 백만 원이든 소액으로도 투자할 수 있지만 부동산은 그렇지 않았죠. 이제 적은 자본으로도 투자할 수 있게 되어야 합니다. 제가 생각하는 모델이라면, 예를 들어 아파트 사업을 한다면 시행자가 있겠죠. 시행자가 일정한 지분 이상을, 즉 총사업비의 40~50퍼센트를 투자하도록 하고 나머지 금액의 상당 부분을 신탁사가 자기자본, 자기책임으로 조달하도록 합니다. 예를 들어, 신탁사가 30퍼센트 정도 참여하고 시공사와 금융기관까지 모두 참여시켜 리스크를 고루 분산시키는 겁니다. 그리고 시행사나 시공사, 신탁사에 발생하는 사업 수익을 개정 신탁법에 의거 유동화를 시키면 국민들한테 쪼개서 적은 금액으로 팔게 되니 시행사나 시공사, 신탁사 입장에서도 자금이 순환이 되겠죠. 그리고 개발이익은 투자한 국민들에게 고루 돌아가게 됩니다."

위험을 나눠서 지게 했다고 했는데 그럼 건설 경기 활성화의 해법도 될 수 있을까?

"저는 그렇게 보죠. 건설 산업이라는 것이 상당히 전후방 파급 효과가 큰 산업이거든요. 아파트 하나 짓는 게 터파기부터 마감재, 발코니에 창호까지 엄청난 과정에 많은 인력이 투입되는 사업인데 은행에서 PF 부실 때문에 대출을 안 해줘요. 시공사는 사업 리스크를 혼자 떠맡는 구조로는 지급보증을 안 해요. 그럼 누가 뭘 갖고 건설공사를 할 것이냐 이 말이죠. 이런 식으로는 해답이 없다고 봅니다."

이야기가 다시 원점으로 돌아온 기분이었다.

3.
남다른 촉이 있다

조용운 대표에게 현실에서 가장 바람직한 부동산개발의 방향은 무엇인지 물었다. 그는 고정관념에서 벗어나야 한다고 말했다. 그는 앞서도 새로운 패러다임의 필요성을 언급했다. 그러고 보니 그는 새로운 것을 갈망했다.

고정관념에서 탈피하라는 말은 이미 오래전부터 익히 들어온 말이다. 그러나 아직도 이 말이 떠돈다는 것은 우리가 고정관념에 갇혀 있다는 말일 수도 있다. 열린 생각이 필요해지는 대목이다.

옛날에는 주택을 공급하면 항상 수요가 뒤따르던 시절이었다. 그러나 지금은 집을 짓는다고 사람들이 몰리는 시대는 아니다. 아직도 역세권이니 교육특구니 하며 광고하면 사람들이 벌떼처럼 몰릴 것이라고 생각하는 고정관념에서 벗어나라는 주문이다. 이제는 수요에 맞는 공급이 이뤄져야 한다는 것이다. 그럼 그가 생각하는 수요에 맞는 공급이란 구체적으로 무엇일까?

"제가 만일 부동산개발 사업자라면 귀촌단지를 만들 겁니다. 베이비부머 세대들이 은퇴 이후 짧게는 20년, 길게는 30년을 보내야 하는데 그런 사람들이 서울에서 비싸고 넓은 고가의 아파트를 지니고 살 이유가 없습니다."

베이비부머는 1950년대 후반부터 1960년대 초반에 태어난 전후 세대다. 어느 나라든 전쟁이 끝나고 나면 신생아가 많이 태어난다. 우리나라도 예외는 아니었다. 40대에 들이닥친 IMF 속에서도 직장에서 살아남았던 그들이 이제 대규모로 직장에서 나오게 된다. 많은 사람이 자영업자가 될 것이고 그의 짐작처럼 많은 사람이 귀농귀촌하게 될 것이다.

실제 귀농귀촌 인구는 해마다 급증하고 있다. 이미 시작된 것이다. 그들을 위한 귀촌단지는 과거 한때 유행했던 전원주택과는 또 다른 개념의 신풍속도로 등장할지 모른다. 조용운 대표는 그 사업에 관심이 큰 것 같았다. 보급형 귀촌단지를 조성하는 것도 생각해볼 필요가 있다고 주문했다.

조용운 대표는 새로운 사업 영역에 관심이 많았다. 관심이 많다 보니 아는 것도 많았고 남들이 생각하지 못하는 분야에 대한 촉이 있는 것처럼 느껴졌다. 속된 표현으로 돈 냄새를 잘 맡는 것인지도 모른다.

4.
죽을 때까지
스스로 만족하지 못한다

조용운 대표에게 신의 직장이라고 불리는 공기업 토지공사에서 토지신탁으로 자원하여 옮겨간 이유를 물었다.

"토지공사라는 데가 원자재나 중간재를 다루는 성격을 갖고 있습니다. 신탁회사는 어떻게 보면 최종재를 다루는 성격을 갖고 있는데, 바로 시장과 접점을 갖는 곳이라 매력 있다고 생각했습니다. 부동산신탁을 잘 활용하면 우리나라의 새로운 부동산개발이나 부동산금융 쪽에서 좋은 의미로 바람직한 변화를 가져올 수 있겠다고 생각했죠. 그래서 자진해서 옮겼죠."

그 선택에 후회는 없는지 궁금했다. 토지 전문가에서 신탁 전문가로 변신했는데 소회가 어떠냐고 물었다.

그는 아직은 부동산개발 전문가로 생각하지 않는다며 겸손해했다.

그러나 그가 전문가가 아니라면 누가 전문가 소리를 들어야 할까?

그는 성공적인 부동산개발 사업을 위해 필요한 세 가지 요소를 꼽았다.

"첫째는 사업성이고 두 번째 파트너십, 세 번째는 열정입니다. 어려움을 겪었던 사업이 있고 반면에 잘됐던 사업도 있는데, 사업성을 면밀히 들여다보지 못하거나 사업성을 페이퍼화된 것으로만 보고 제대로 이면을 살펴보지 못했을 때 어려움을 겪게 되더군요."

전문가가 되기 위해서는 우선 사업성이 있는지를 볼 줄 알아야 한다는 조언이었다.

또 다른 요소로 꼽은 것이 파트너십이다. 그는, 파트너가 시공사나 시행위탁자, 분양대행사, 광고사일 수 있는데 그들이 바람직하지 못한 의도나 생각을 갖고 있지 않아야 한다고 말했다. 사람 복이 있어야 한다는 말인데 전문가로 성장하기 위해서 인복이 있어야 함은 물론이다. 무엇보다 일에 열정이 있어야 한다고 강조했다.

신생회사를 이끌어가는 CEO로서 어려움도 많을 것이다. 반면 보람도 클 것이다. 회사를 이끌어가는 경영철학이나 비전에 대해 물었다.

"튼튼한 회사, 강한 회사, 신 나는 회사 이 세 가지가 됐으면 좋겠습니다. 재무적으로 튼튼한 회사를 만들어야 할 것이고요. 강한 회사는 생산성에 관한 내용으로 파워풀하자는 것이 아니고, 결국 똑같은 일을 수임해서 수행하는 데 열 명이 수행하는 것과 다섯 명이 수행하는 것, 결국은 경쟁력이지 않겠습니까? 거기에 중점을 두고 지금까지 해온 일이 관리시스템의 정비입니다. 전산화와 각종 문서의 표준화, 정형화 작업을 해왔습니다. 또 하나, 강한 회사는 결국 강한 직원이 있어야 가능하죠. 직원들의 경쟁력인데 자기계발에 대한 지원이 뒤따라야 하지 않나 생각하고 있습니다. 마지막 신 나는 회사는 결국 소통입니다. 공식적이든 비공식적이든 조직 활동과 상하관계, 수평 간 기능 간 모두 소통을 원활히 하는 것입니다."

궁극적인 목표는 부동산개발과 금융을 결합해서 종합부동산회사인 코리아신탁이 국민경제에도 기여할 수 있었으면 좋겠다는 포부를 밝혔다. 그는 가훈이 '다워야 한다'라고 했다. 즉, 아버지는 아버지다워야 하고 사장은 사장다워야 한다는 것이다. 사회 구성원 모두가 '다움'에 충실하다면 진정한 선진국이 되지 않을까 싶었다.

그는 또한 '죽을 때까지 스스로 만족하지 못할 과제로 최선을 다해야 한다'를 들었다. 사실 최선을 다하자는 말은 진부한 말이다. 새삼스러울 것이 없는 말이다. 그것보다 내가 주목한 것은 죽을 때까지 스스로 만족하지 못할 과제라는 단서였다.

조용운 대표는 결국 '최선을 다했다'라고 만족하지 못했다는 것이다. 그것도 죽을 때까지 말이다. 곰곰이 생각하니 참 무서운 말이다. 남들이 보기에 최선을 다했고 그래서 성과를 만들어냈지만, 그는 그 결과물에 만족하지 못한다는 것이다. 그가 가야 할 길이 얼마나 많이 남았는지 짐작조차 되지 않았다. 그리고 그가 생각하는 최선은 과연 어느 수준인지도 궁금했다.

최선을 다하자는 말이 갑자기 새롭게 다가왔다. 성공하기 위해서 나는 오늘도 최선을 다했는가? 최선을 다했다고 스스로 만족해하며 적당히 타협하거나 회피하고 있는 것은 아닌가?

Chapter 7

제1세대 애널리스트에게 듣는 돈 되는 주식투자법

_A+에셋 김경신 대표

- 서울대
- 한국증권업협회
- 대유증권 이사 역임
- 한양증권 상무 역임
- 현 A+에셋 대표이사
- 현 한국증권분석사회 부회장

1.
부동산투자 시대가
저물고 있다

30년간 증권과 금융, 재무 분야에 종사해온 우리나라 1세대 애널리스트 A+에셋의 김경신 대표를 만났다. 주식투자 고수에게 주식투자의 비법과 현 경제 상황에 대한 진단과 해법을 들어보면 뭔가 얻어갈 게 있을 것이라는 기대가 컸다.

현재 경제 상황이 좋지 않으니, 이 부분에 관한 질문부터 던졌다.

"밖으로 눈을 돌려보면 역시 유로존의 위기가 아직 해결이 안 된 상황에 있고 조속한 해결의 기대보다는 시간이 걸리지 않을까 하는 생각이 듭니다. 미국과 중국의 경기 움직임을 봐도 한 번에 돌아서기에는 힘든 모습을 볼 수가 있죠. 국내적으로 본다면 가계부채 문제를 어떻게 해결할 것인가, 부동산투자에 대한 시대가 저물고 있는 것 아니냐는 우려감이 듭니다."

역시 제일 먼저 거론되는 것이 유로존의 위기였다. 그리고 미국과 중국의 경기상승 둔화가 걸림돌이 될 것이라는 전망도 내놓았다.

대외적 상황이 안 좋은 가운데 가계의 빚이 걱정스런 수준이다. 가계부채 1,000조 원 시대다. 가계부채 해결을 위한 다양한 방안들이 거론되고 있다. 새 정부에서는 국민행복기금 조성을 통한 일정 비율 부채탕감을 계획하고 있다.

국민행복기금 18조 원은 한국자산관리공사가 운영하는 신용회복기금 8,700억 원과 자산관리공사 자본금 7,000억 원, 부실채권정리기금 잉여금 3,000억 원을 합친 1조 8,000억 원이 기초재원이며 여기에 10배수의 채권을 발행해 18조 원을 만들겠다는 것이다.

지원 대상은 은행권에 등록된 신용불량자 180만여 명과 민간 채권추심회사에 등록된 신용불량자 140만여 명을 합친 322만 명이다. 다중채무자 180만 명과 저신용자, 단기채무자는 물론 하우스푸어 28만 4,000가구도 포함될 것으로 전망된다.

이런 가운데 먼저 금융기관 주택담보대출 구조조정을 하고 뒤에 부채탕감 지원방식으로 단계적으로 적용해야 한다는 지적도 나왔다. 이른바 선 금융기관 주택담보대출 구조조정, 후 부채탕감 지원방식이다. 이는 정부의 직접적인 재정 지원에 앞서 금융기관의 책임 아래 주택담보로 돈을 빌려준 금융기관의 사전 구조조정을 정책적으로 선도한 뒤, 다음 단계에서 정부의 선별적 부채탕감방식을 적용하는 게 효율적이라는 것이다.

어떤 방안으로 추진될지는 지켜봐야 한다. 다만, 돈을 빌려 쓴 사람의 도덕적 해이를 불러오지 않으면서 상당히 치밀하고 세심하게 관리 및 집행될 필요가 있다는 데는 이론의 여지가 없다.

가계대출이 걱정스러운 이유 가운데 하나는 최근 저축은행이나 새마을금고 등 비은행 예금취급기관의 가계대출 증가세가 확대됐다는 점이다. 결국 이런 비은행권까지 찾는다는 것은 이미 두세 곳 이상 은행에서 빚을 진 다중채무자인 데다 고금리 부담을 안고 있다는 것이다. 금융감독원 조사 결과, 제2금융권의 부동산 담보대출 규모는 211조 원이다. 이 중 70퍼센트 이상이 다중채무대출인 것으로 추정되고 있다.

한국은행이 발표한 '2012년 11월 중 예금취급기관 가계대출' 자료를 보면, 예금은행과 비은행 예금취급기관의 가계대출 잔액은 전 달보다 2조 원 증가한 653조 1,000억 원으로 집계됐다. 10월 651조 1,328억 원에 이어 사상 최고치를 다시 경신했다. 원리금을 제때 갚지 못하는 연체율도 급증하고 있다.

"해외 의존도가 유난히 높은 우리 경제를 감안해본다면, 경제가 상당히 안 좋은 쪽으로 흘러가고 있는 것이 아닌가 싶습니다. 한국은행에서 우리나라 경제성장률을 3.5퍼센트에서 3퍼센트로 낮췄거든요. 연초에 상저하고에 대한 기대감을 많이 갖고 있었는데 이제 상저하저上低下低 아니냐, 이렇게 볼 수 있을 정도로 경제 상태가 좋지 않은 방향으로 흘러가고 있습니다."

소비를 하고 싶어도 지갑에 돈이 없는 국민들이 이렇게 많다. 경제 전문가의 진단도 상당히 어둡기만 하다. 가계부채 문제를 해결하지 않고는 우리 경제는 한 발짝도 앞으로 나갈 수 없는 상황인 듯싶다.

결국 가계소득을 늘려야 한다. 열심히 일해도 가난이나 엄청난 빚에서 벗어나지 못하는 워킹푸어Working Poor들은 돈을 어떻게 벌 수 있을까? 가장 손쉽고 합법적인 테두리 내에 있는 것이 주식투자가 아닐까 싶다. 투자에 성공한다는 전제하에 말이다.

2.
투자의 기본에
충실하라

김경신 대표는 우리나라 증권 애널리스트 1세대다. 우리나라에서 가장 먼저 증권 산업에 뛰어든 증권업계의 베테랑이다. 우리나라 주식의 역사가 궁금해졌다.

그는 거침없이 정확한 숫자를 일일이 제시하며 우리 증권사를 풀어내기 시작했다. 그의 얘기는 그가 증권시장에 발을 들여놓은 1978년부터 시작된다. 지금 코스피지수는 그보다 2년 뒤인 1980년 1월 4일 100을 기준으로 하고 있다.

"1980년 1월 4일 100으로 해서 지금까지를 돌이켜보면 몇 단계로 나눌 수 있을 것 같습니다. 1980년부터 1985년까지는 코스피지수가 100에서 130에 박스권을 보였어요. 1985년 가을부터 주가가 본격적으로 뛰기 시작합니다. 코스피지수 130부터 시작해서 1989년 4월 1,000을 넘어서는 기염을 토하게 되는 거죠. 그러니깐 거의 4년에 걸쳐서 여덟 배나 주가가 올라가는 모습을 볼 수 있는데 원인은 3저 현상이라고 얘기를 합니다. 저금리, 저달러 그리고 저유가입니다. 이런 3저 현상으로 주가가 급격하게 오르는 모습을 보여줬죠."

주가가 급등하면서 부작용도 찾아왔다. 1990년 깡통계좌 정리라고 하는 불미스런 일이 그것이다. 주가가 급등세를 보이자 투자자들이 너도나도 외상으로 주식을 사들이기 시작했다. 그러다 증시가 하락세를 멈추지 않아 1990년 10월 어느 날, 증권사들이 일괄적으로 반대매매에 나선 것이다. 이것이 이른바 깡통계좌 정리다. 결국 빚을 내 무리하게 투자할 경우 큰 손실을 볼 수 있다는 교훈을 얻었다.

주가가 500선까지 밀려나갔다. 1990년대 들어서면서 다시 지수 1,000 돌파를 시도하지만 밀려 내려오게 된다. 그러다 1992년도부터 외국인들이 우리 주식을 직접 살 수 있는 것이 계기가 되면서 주가가 다시 상승의 발판을 마련했다. 1994년 다시 1,000을 돌파하는가 했더니 또 다시 밀려 내려왔다.

상승과 하락의 랠리를 하던 우리 주식시장에 핵폭탄이 떨어졌다. 1997년 IMF 외환위기다. 이때 주가가 280선까지 밀렸다.

우리 경제가 외환위기를 극복하고 다시 회복되면서 2004년 1,000 부근까지 가고 2005년도에 드디어 1,000을 돌파하게 된다.

2007년 2,070선의 고점을 기록하게 되고 그 이후 미국 서브프라임 모기지 사태의 여파와 리먼브라더스 파산 등의 과정을 거치면서 주가가 900선 아래까지 밀렸다가 2011년도 주가가 다시 올라오면서 2,230을 넘어서기도 했다. 또 2011년 8월, 유럽의 금융위기로 주가가 1,700선까지 밀려 내려왔지만 2013년 3월 말 현재 코피지수 2,000 돌파를 위한 시도가 이어지고 있다.

"이것이 우리나라 증권의 큰 흐름이라고 볼 수 있겠습니다."

그는 숨 가쁘지만 아주 간단하고 일목요연하게 우리 주식시장의 흐름을 짚어줬다.

그럼 주가를 결정짓는 중요한 요인은 무엇인지 물었다. 이것만 확실하게 알아도 주식투자에 실패하지는 않을 것이다.

"여러 가지 있다고 보는데요, 그중에서 두 가지를 들 수 있겠습니다. 먼저 그 기업에 대한 가치를 보는 것이라고 할 수 있겠죠. 기업의 가치라고 하는 것도 두 가지로 나눌 수 있는데 하나는 수익가치라는 게 있어서 그 기업에서 이익을 얼마나 내느냐, 즉 이익을 많이 낼수록 주가가 오른다는 겁니다. 어떻게 보면 자명한 사실이기는 하지만 그런 것은 이렇게 볼 수 있을 것 같습니다. 이익을 많이 내면 그 돈을 갖고 다시 재투자를 하는 방법이 있고 그래서 이익을 더 창출하는 거죠. 아니면 그 이익을 회사 내에다 쌓아두는 거죠. 유보율이 높아져서 나중에 무상증자의 재원으로 쓸 수가 있습니다. 그렇지 않으면 주주에게 배당을 해주는 거죠. 배당의 재원, 예를 들어서 내가 주식을 만 원 주고 샀는데 만 원을 배당받으면 주가는 올라갈 수밖에 없는 거죠. 이런 것을 우리가 수익가치라고 얘기를 하고 거기서 중요시하는 게 EPS라고 하는, 한 주당 이익이 얼마냐, 또는 주가와 이익의 관계를 가지고 보는 PER가 바로 수익가치를 통해서 보는 거라고 할 수 있겠습니다."

주식투자를 조금이라도 해본 경험자들은 상식적으로 아는 내용일 것이다. 투자할 만한 가치가 있는 우량한 회사에 투자하는 것이 주식투자의 가장 중요한 기본이지만 개미군단이 언제 그런 기본에 충실하던가? 이런 기본조차 모른 채 주식투자에 몰두하는 개인투자자들이 의외로 많다. 돈을 까먹을 수밖에 없다. 그 회사 주가가 오를 것이라는 근거 없는 정보에 솔깃해 묻지마 투자를 하고는 속을 까맣게 태우곤 한다. 주가가 조금이라도 오르면 더 상승할 것이라는 기대감에 보유하고 있다가 손절매를 한 것이 어디 한두 번이던가?

김경신 대표에게 주식투자에 대해 좀 더 배워보자.

"그다음 자산가치를 가지고 보는 것인데 어떤 회사가 아무리 이익을 내지 못했다 하더라도 소유하고 있는 자산가치가 많다면, 예를 들어서 땅을 옛날에 10억 원을 주고 사뒀는데 그 땅이 개발되는 바람에 1,000억 원이 됐다, 그럼 그 회사가 아무리 적자를 냈다 하더라도 가치가 높아질 수밖에 없는 거죠. 이 두 가지가 수익가치와 자산가치인데, 이게 주가를 결정하는 가장 기본적인 상황으로 볼 수 있을 것 같고요. 또 한 가지, 이러한 수익가치와 자산가치 말고 그런 것들이 지금의 주가에 반영돼 있다는 전제하에서 주가의 흐름을 보면서 지금 주가가 오르는 신호다, 혹은 내리는 신호다, 이런 것을 따지게 되는 거죠. 그걸 전문적으로 기술적 분석이라고 합니다."

주가의 흐름으로 지금 오르는 추세에 있으니까 올라갈 확률이 많다, 그래서 주식에 투자해서 이익을 얻는다든지 또는 내릴 확률이 많다고 하면 반대로 판다든지 하는 두 가지의 기업가치를 갖고 보는 것도 있다고 설명했다. 주식의 고수들이 아무리 이렇게 설명해줘도 개인투자자들이 주식 고수들에게 원하는 대답은 엉뚱한 데 있다.

‘어느 종목을 살까요?’

김경신 대표의 황금 같은 주식투자법을 들으면서 내 머릿속에 든 생각이다. 그래서 어느 종목을 사라는 말씀이신가요?

3.
돈이 되는 정보를
주겠다

그렇게 대한민국을 대표하던 증권맨이 2007년 GA업계로 발길을 옮겼다. 왜일까?

"30년 주식시장에 있었는데요. 돈만 생기면 주식에 투자하는 것이 당연한 것으로 생각됐었는데, 어느 날 생각해보니 한 투자자가 1억 원을 갖고 있는데 반드시 주식만 할 것인가 하는 의문이 든 것입니다. 채권투자도 한다든지 아니면 금값이 요동치니 금을 사는 게 어떤지, 달러가 되지 않겠나, 다른 외화에 대한 투자도 괜찮지 않은가, 또는 보험도 필요하겠다, 여러 가지의 금융 상품들이 있는데 그동안 몸담고 있던 것이 주식시장이었기 때문에 주식으로만 어떻게 해봐야겠다는 생각만 갖고 있었죠. 그래서 변화에 대한 필요성을 느끼기 시작했던 거죠."

그는 30년 주식시장에 있었다고 말했다. 어느 분야든 한 우물을 30년 동안 팔았다면 마이스터 경지에 오를 것이다. 그 역시 증권업계의 마이스터였다. 그런 주식의 대가가 다른 곳으로 눈길을 돌리기 시작한 것이다. 다른 분야라고는 하지만 전혀 생소한 세계는 아니었다.

"GA라고 하는, 즉 제너럴 에이전시라고 해서 금융기관과 소비자와의 중간에 서서 역할을 해주는 것인데 이런 쪽에서 일을 하게 되면 좀 더 소비자들한테 많은 선택의 기회와 도움을 줄 수 있지 않을까 그런 생각을 갖고 옮기게 됐습니다."

그렇다면 주식에서 완전히 손을 뗀 것인가?

"아닙니다. 지금도 증권분석사 자격증을 가진 사람들의 단체인 증권분석사회의 부회장도 맡고 있는데요. 주식은 우리 경제의 골간이라고 생각하고 있습니다. 주식을 빼놓고 그 어떤 것도 얘기할 수 없다고 할 정도로 아주 중요하게 생각하고 있습니다. 보험에도 변액이라는 것이 도입되었지요. 변액보험이라고 하면 주식이 편입될 수 있고 은행에서도 ELS라고 주식 관련 상품들을 취급하기도 하고 말이죠. 금융 상품들이 많지만 역시 주식을 골간으로 해서 다양한 금융 상품들을 소비자들에게 알려줄 수 있다면 더 좋은 일이 되지 않을까 하는 생각을 갖고 있습니다."

자산을 불리는 데 주식만으로는 안심하지 못할 것이다. 위험분산이 필요한 까닭이다. 그러나 보험이나 기타 은행의 파생 상품들을 취급하면서도 역시 그의 기본 바탕은 주식시장에 대한 확고한 믿음이었다. 우리 주식시장에 갖는 그의 열정과 애정을 느낄 수 있었다. 1세대 애널리스트라는 자부심도 한몫하고 있는 듯했다. 주식을 근간으로 해서 나머지 분야의 전문 컨설팅을 하고 있는 것이다.

김경신 대표의 고객들은 증권 베테랑이 전해주는 '돈이 되는 정보'를 바탕으로 한 그의 투자 조언으로 자신의 금융자산을 불릴 수 있는 것이다.

그렇다면 우리가 고정관념처럼 갖고 있던 금융이라는 것에 패러다임이 바뀌고 있는 것인가? 은행에 예금을 넣어놓고 다달이 지급되는 이자가 가장 확실한 재테크라고 철석같이 믿는 사람이 많다. 이들은 은행만큼 안전한 곳은 없다고 말한다. 보험은 미래에 닥칠지 모를 사고에 대비해서 돈을 넣어두는 것이고, 주식은 여윳돈이 있을 때 묻어두는 것이라는 생각을 버리지 못하는 사람들이 많다.

강남 부자들을 상대로 재산증식에 나서고 있는 그의 생각을 물었다.

"과거 우리나라 금융 산업하면 은행과 증권, 보험 이 세 가지가 각자 자기의 영역을 가지고 있었습니다. 지금도 물론 그렇긴 하지만, 최근 몇 년 사이에 이뤄진 금융 산업의 변화 중 하나는 금융지주회사의 출현입니다. 상장회사로 있던 국민은행이 없어지고 KB금융지주가 올라왔어요. 신한은행이 없어지고 신한금융지주, 하나은행이 아니고 하나금융지주로 올라와 있거든요. 이것은 무엇을 의미할까요? 금융지주회사 안에 보면 은행과 증권, 보험이 있고 그 외에 캐피탈이나 창투 등 여러 가지 금융회사들을 갖고 가는데 역시 중요한 것은 금융지주회사가 나와 있다는 거죠. 이는 이제 하나의 상품, 하나의 업무 영역에만 만족하는 것이 아니라 전체를 아우르는 일이 필요하다는 의미입니다. 즉, 금융 멀티 플레이어를 요구하는 것이 지금의 시대가 아닌가 싶습니다."

금융지주라는 용어가 처음 등장했을 때 생소하게 들렸지만 이제는 익숙해졌고 소비자들의 의식도 많이 변했다. 외환위기 이후 급변하는 금융 환경 변화에 맞서 국내 금융 산업의 경쟁력 강화를 위해 도입된 것이 금융지주사제도다.

금융지주사는 자회사 간 역할 분담이 가능해져 전산 시스템과 전문 인력 공유 같은 자원의 공동 활용에 따른 비용절감 효과를 누릴 수 있다. 또한 고객정보와 브랜드, 유통망을 공유함으로써 교차판매와 함께 복합 상품을 개발해 수익을 창출할 수 있다는 장점도 있다. 그 외에 투명하고 효율적인 지배구조의 운용이 가능하고 자회사에 대한 통합관리, 다양한 업종 종사에 따른 리스크 분산 및 다각화 효과 등 그룹 전체의 효율성을 높일 수도 있다. 한마디로 금융사업의 대형화와 겸업화를 통해 규모의 경제를 가능하게 하는 것은 물론 시장지배력을 강화하고 수익성도 높일 수 있다는 것이다.

설립 초기 금융지주사에서 은행의 자산비중이 95퍼센트를 넘었으나 증권, 자산운용, 여신금융전문회사 등으로 사업포트폴리오를 확대하면서 은행업의 비중은 대폭 낮아졌다. 각 부문 간 시너지 효과를 극대화하고자 하는 노력은 원스톱과 토털 서비스를 제공할 수 있게 돼 금융 소비자들에게도 적잖은 혜택이 돌아가게 됐다.

조직이 변하니 조직원도 그에 따라 변신해야 하는 것은 당연하다. 김경신 대표의 표현대로 금융 멀티플레이어가 반드시 필요한 시대가 왔다. 금융지주회사의 시대이니 말이다.

"예를 들어 어떤 고객이 저한테 왔을 때 주식만 얘기하는 것이 아니라

물가가 많이 오르고 있으니 물가연동형채권도 좋겠습니다, 브라질이 좋아지고 있으니 브라질 국채도 좋겠습니다, 또는 환율을 통해서 수익을 올릴 수 있으니 달러도 좋겠습니다, 금값이 오르니 금에 관련된 예금 상품도 좋겠습니다 등등……, 이렇게 다양한 금융 상품들을 권하고 접할 수 있는 금융 멀티플레이어가 요구되는 시대가 아닌가 싶습니다."

그렇다면 이런 변화는 궁극적으로 소비자에게 어떤 변화를 가져다주는 것인가?

"물론 변화가 있죠. 저희 회사가 금융 상품, 특히 보험 상품을 판매하고 있습니다만, 그렇다고 보험만 얘기하면서 끝나느냐? 그게 아니거든요. 그 고객은 틀림없이 펀드도 하고 주식도 하고 다른 예금도 가지고 있고 투자도 하고 있을 텐데 보험 상품만 얘기하고 끝낼 수는 없죠. 이런 것들을 같이 얘기하면서 포트폴리오를 짜줄 수 있는 그런 회사, 궁극적으로 가야 할 지향점이 아닌가 싶습니다."

소비자에게 어떤 변화를 가져다줄지 물었더니 그는 결국 자신이 추구하는 회사의 지향점을 털어놨다. 백화점 매장에 들러서 한 가지 상품만 보고 사가는 사람은 많지 않다. 대부분의 쇼핑객은 다른 매장도 찬찬히 둘러보고 구매를 결정한다. 같은 맥락으로, 금융 상품을 진열하듯 늘어놓고 소비자 선택의 폭을 넓혀주겠다는 것이 그의 욕심이다. 소비자 입장에서는 좋은 물건들을 비교해서 고를 수 있는 기회가 제공된다.

4.
백세 시대,
결국 연금이 답이다

재무설계의 중요성에 대한 인식이 커지고 있다. 김경신 대표도 덩달아 바빠질 것이다. 그렇다면 현명한 자산관리를 위해 중요한 것은 무엇일까?

"여러 가지가 있을 텐데 제가 가장 중요하다고 보는 것은 역시 노후의 준비라고 봅니다. 자산관리의 가장 중요한 기본이 아닌가 싶은데요. 과거에는 자식을 어떻게 잘 교육시킬 수 있을까 해서 교육보험이라는 것이 한동안 유행한 적이 있지 않습니까? 그리고 또 한동안은 내 집 마련을 위해서 내가 어떻게 할 것인가, 거기에 맞는 상품들이 많이 나왔어요. 이제는 내가 오래 사는 것에 대한 문제를 어떻게 해결할 것인가 하는 것이 화두로 나오고 있습니다. 보험도 마찬가지로 과거에는 일찍 죽을까 걱정돼서 보험에 들었는데, 이제는 오래 살까 봐 보험에 드는 시대로 바

뛰어가고 있습니다. 이런 것들이 무엇을 시사하는가 하면, 노후 대비에 관한 연금의 중요성을 강조하고 있다, 이렇게 해석하면 되겠습니다."

노후 대비의 중요성에 대해 모르는 국민은 없다. 그러나 당장 쓸 돈이 없는데 먼 훗날을 위해 지금 허리띠를 졸라매기가 말처럼 쉽지 않은 것이 현실이다.

각종 연금을 비롯해 노후 수단이라고 믿고 있는 것이 부동산, 즉 집이다. 집 한 채 믿고 노후 준비에 소홀한 사람도 있다. 현명한 노후 대비를 위해서는 어떻게 전환되어야 할까?

"20대, 30대 경우 연금을 준비하라고 그러면 아직도 많은 세월이 남았는데 벌써부터 준비해야 하느냐 이렇게 생각하는 젊은 친구들이 있습니다. 하지만 우리 회사에 들어오는 사원들을 보면 회사에 들어오자마자 3분의 1 정도는 개인연금에 가입하고 있어요."

역시 금융회사답다. 많은 20, 30대의 직장 초년병은 연금보다는 자동차나 소위 신상 핸드백을 사느라 바쁜데 갈이다. 노후를 위해 젊었을 때부터 각종 연금 상품에 투자하라는 것이 그의 답이다.

"베이비부머 세대들이 있습니다. 1955년부터 1963년 사이에 태어난 713만 명의 베이비부머들이 이저 은퇴를 하고 있는데, 상당히 문제가 되고 있는 거죠. 자식은 벌써 30다가 됐고 모시고 있는 부모들은 연세가 많아졌고 모아놓은 돈은 이제 별로 없고……. 자식 교육시키는 데 혹은 내 집 마련하는 데 돈이 다 들어갔는데, 정작 자신들을 위해 쓸 돈이 없는 거죠."

그럼 이들은 어떻게 해야 하냐고 물었다. 그도 주택연금을 우선 꼽았

다. 그러나 주택연금의 수혜를 받는 폭은 굉장히 적다는 사실을 짚으며
안타까워했다.

자산의 80퍼센트가 부동산, 즉 집 한 채밖에 없다면 어떻게 접근해야
하나?

"연령대별로 다르겠지만 자산을 보면 가계당 평균 5억 원에서 6억 원
정도 되는 것으로 나타나고 있거든요. 그걸 갖고 내가 앞으로 20~30년
을 살아야 된다고 했을 때 굉장히 부족감을 느끼게 되는 거죠. 연금에
대한 준비가 너무 미흡했던 게 아닌가 생각할 수 있습니다."

집을 팔고 옮겨야 하는지도 물었다. 그는 집의 규모를 줄이라고 했다.
그러나 부동산의 경기침체로 집이 팔리지 않는다. 헐값에 팔 수는 없지
않은가.

"그렇죠. 안 팔리는 것을 어떻게 할 수는 없겠지만 일단 가장 기본적
인 전제는 집을 줄여야 한다는 겁니다. 그리고 불요불급한 비용들에 대
한 지출을 줄이는 것이 필요하겠고, 가장 중요한 것은 매달 생활비로 쓸
돈을 어떻게 조달하느냐 하는 것입니다. 지금 국민연금이라는 것으로
매달, 다만 얼마라도 가져올 수 있지 않습니까? 그리고 IRP라고 하는 퇴
직연금제도가 새롭게 도입됐는데 이게 해당된다면 여기서 얼마의 수입
이 생길 수 있는 것이고, 개인연금이라고 하는 개별적으로 들어놓은 것
등등 이런 것들을 가지고 준비할 수 있는가, 그리고 주택연금에 관한 것
뿐만 아니라 농지연금이라는 제도도 있습니다. 물론 전부 해당되는 것
은 아니겠지만 이런 연금제도에서 내가 총체적으로 가져갈 수 있는 게
얼마인가, 특히 매월 내가 얼마씩 갖다 쓸 수 있는가 하는 것에 계획을

맞춰나가는 것이 가장 필요한 게 아닌가 싶습니다."

개인형 퇴직연금이 IRP다. 국민연금 같은 공적연금만으로는 노후가 불안하다는 인식이 확산되면서 IRP나 개인연금저축 같은 사적연금에 대한 관심이 커지고 있다. 직장을 옮기거나 정년퇴임할 때 퇴직금을 찾기 위해선 꼭 가입해야 하는 것이 IRP다.

IRP나 개인연금저축 모두 연금 상품이다. 55세 이후에 연금으로 받도록 설계된 상품이다. 각각 분기당 300만 원까지 적립할 수 있다. 회사에서 주는 퇴직금 액수와 상관없이 분기당 300만 원까지 추가 불입할 수 있다. 연금 상품을 모두 합해 연간 400만 원까지 소득공제를 받을 수 있다. 연금저축은 세제 혜택을 받으려면 최소 10년 이상 유지해야 하고, 5년 이내에 해지하면 2.2퍼센트의 가산세까지 부과된다. 그러나 IRP는 별도의 가입 기간이 없다. 가산세 등이 없기 때문에 중도 해지에 부담이 없다.

"그래서인지 요즘 즉시연금이라고 하는 것이 많이 팔리고 있습니다. 즉시연금은 일시에 목돈을 넣어놓고 한 달에 얼마씩 내가 갖다 쓸 수 있거든요. 그리고 월지급식 ELS처럼 월지급식으로 이름이 붙어 있는 금융 상품들이 많이 팔리고 있는 것들도 그것이 얼마나 연금과 관련된 생활비에 필요한 것들인가를 보여주고 있지요."

현명한 자산관리에 대한 답으로 제일 중요한 것이 노후 대비라고 했다. 그 노후 대비의 가장 중요한 수단은 결국 연금이라는 것이다. 적어도 김경신 대표 앞에서 집 한 채 갖고 있는 것으로 노후 대비가 되었다고는 말할 수 없는 것이다.

남자가 일생을 살면서 겪지 않아야 할 세 가지로 너무 일찍 출세하는 소년 등과登科, 아내를 먼저 보내는 중년 상처, 그리고 노후에 돈이 없어 고생하는 노년 빈곤을 이야기하는 김경신 대표의 모습에서 좋든 싫든 80~90세까지 살아야 하는 우리의 자화상을 보는 듯했다.

• 2013-2014 대한민국 부동산 / 경제 대전망

5.
미래의 눈으로
현재를 보라

금융회사의 CEO로서 그의 계획을 물었다. 그는 뜬금없이 대형마트 얘기를 했다.

"대형 할인마트가 있죠. 모든 물건을 갖다놓고 비교해서 판매를 하죠. 고객이 비교해보고 마음에 드는 것을 선택해 사가는 것인데, 최근 통큰치킨이라고 기억하실 겁니다. 치킨집에 가면 만 원 내고 사야 하는데 마트에서 직거래를 통해 5,000원에 갖고 옵니다. 치킨집에서 들고 일어났지만 소비자가 왕인 시대, 소비자를 위한 것이기에 치킨집 사람들이 소비자를 이길 수 없는 것이거든요. 통큰치킨은 사라졌지만 그 뒤 통큰 TV 등 통큰 시리즈가 나오고 있는 것은 소비자가 왕인 시대가 본격적으로 열리고 있구나 하는 생각이 듭니다. 저희는 이런 생각을 했습니다. 금융 상품도 그렇게 할 수 있지 않겠는가? 그래서 GA라고 하는 회사는 보험 상품을 모두 갖다놓고 비교해서 판매하는 것부터 시작하고 있습니다. 그러다 보니 이제 기존의 상품뿐 아니라 상품을 만들어달라는 고객의 요구가 들어옵니다. 즉, 고객 주문형 상품을 만들어서 고객에게 판매하는 거죠. 단순히 기존의 상품을 진열해놓고 비교·판매하는 수동적인 시대에서 벗어나 직접 만들어서 파는 시대로 가고 있다는 것, 이것이 금융 쪽에서도 앞으로 충분히 더 많은 상품이 나올 수 있는 계기가 되지 않을까 보고 있습니다."

김경신 대표의 마트 비유는 적절했다. 대형마트에 가보면 마트 소속의 PB 상품이 많다. 롯데제과나 해태제과에서 만든 과자뿐만 아니라 대형마트의 PB 상품 과자도 같이 놓여 있다. 소비자가 원하는 과자가 어떤 것인지를 분석해서 자신들이 직접 만들어 내놓은 것이다.

김경신 대표 역시 기존 보험사들이 만든 상품을 비교·판매하는 것에서 벗어나 소비자에게 유리한 보험 상품을 보험회사에 만들어달라고 해 팔겠다는 것이다. 김경신 스타일의 보험 상품, 파생 상품이 어떤 모습으로 등장할지 주목된다.

남들보다 많이 성공한 그에게도 목표가 있을 것이다. 그는 증권회사에서부터 시작해 보험과 펀드 등 금융업계 전반을 포괄해서 우리나라 모든 국민의 금융상식을 좀 더 높여서 자기가 번 돈으로 자신의 인생을 아주 계획성 있게 펼쳐나갈 수 있는 일을 해보고 싶다고 말했다.

그의 좌우명이나 모토는 무엇일까?

"세 가지를 가지고 있는데요. 하나는 시간관리를 잘하는 것입니다. 시간만큼 중요한 것은 없다고 생각합니다. 저는 항상 아침에 일어날 때마다 오늘 지금 이 순간이 앞으로 살아가야 할 날의 첫 날이구나 하는 기대감으로 시작합니다. 그러다 보니 설렘도 있고요. 그렇기 때문에 오늘 하루 동안 잘 보내야겠다는 간절함도 생기게 됩니다. 두 번째는 모든 일에 최선을 다하는 것이 필요하다는 겁니다. 아무리 불가능한 일이 내 앞에 닥쳐왔다 하더라도 내가 최선을 다하면 넘어설 수 있겠다는 생각입니다. 세 번째는 판단을 잘하는 것입니다. 판단이라고 하는 것은 그 순간에는 잘했는지 못했는지 알 수가 없죠. 지나봐야 알 수 있지만 항상 현재의 눈이 아닌 미래의 눈으로 현 상황을 보면서 판단할 수 있는 것이 필요하다고 생각합니다."

지금의 판단이 현명한 것이었는지, 아니면 잘못된 것이었는지는 시간이 지난 뒤 판가름 날 것이다. 매순간 결정에 신중해야 할 것이다. '그때 좀 더 삶을 열정적으로 살걸!' 하고 후회할지 모른다. 아무리 충실하게 살았어도 지나고 나면 회한이 남게 마련이다.

30년 금융베테랑에게서 많은 정보를 얻었다. 대한민국 국민들의 금융지식을 높여서 모두가 잘사는 시대를 열어가겠다는 그의 포부가 국민소득 3만 달러 시대를 열어가는 초석이 되지 않을까 싶었다.

Chapter 8

불확실성의 시대,
위기 극복의 열쇠는?

_ 포스코경영연구소 강태영 소장

- 연세대 경제학과
- 영국 런던 스쿨 오브 이코노믹스 경제학 박사
- 한국산업은행
- (주)이비즈그룹 대표이사
- 대통령비서실 업무혁신/혁신관리 비서관 근무
- 현 포스코경영연구소 소장

1.
상저하저,
위기는 오래간다

유럽발 경제위기에서 벗어나는 듯하던 세계경제의 회복세가 다시 주춤하고 있다. 국내경제도 여전히 안개 속에 있다. 계속되는 경기침체와 내수 부진, 부동산시장의 위축과 가계부채로 인해 가중되는 서민들의 고통, 거기에 수출 부진과 경기 악화가 가중되고 있다.

엇갈리는 진단과 전망들 속에 과연 이 난국을 타개할 방법은 없는 것일까? 현 경제 상황에 대한 명확한 전망과 진단을 통해 우리 경제에 대한 정답을 찾아보고자 기획한 것이 경제연구소 수장들과의 릴레이 인터뷰였다.

그 첫 만남의 타깃은 포스코경영연구소다. 냉정한 분석과 날카로운 비판, 변화와 혁신으로 포스코경영연구소를 이끌고 있는 강태영 소장을 만나 국내외 경제의 거시적 담론을 나눠보기로 했다.

먼저 국내경제 상황에 대한 진단부터 내려달라고 했다.

"경제 상황에 대한 얘기는 대부분 '다 어려울 것이다'로 모아집니다. '어려운 위기가 상당히 오래 지속될 거다'라고 보는 것이죠."

전문가들 모두 이구동성이다. 강태영 소장 역시 가장 큰 요인으로 유로존의 위기를 꼽았다. 더군다나 단시일 내에 해결되기 어려울 것이라는 얘기도 빠뜨리지 않았다. 왜냐하면 외환위기와는 달리 과잉재정의 버블 때문에 생긴 위기이기 때문에 해결책이 없을 것이라는 말이다.

그에 따라 국내경제 또한 수출과 소비, 투자가 모두 부진할 수밖에 없다고 그는 진단했다. 그래서 국내경제 상황이 굉장히 어려움에 빠질 것이라고 했다.

그는 전 세계가 상저하고라고 예상했었다. 상반기에는 저성장 국면이지만 하반기에 들어서면 고성장으로 갈아탈 것이라는 전망이었다. 그러나 지금으로서는 상저하저가 될 가능성이 있다고 조심스럽게 내다봤다. 국내경제 성장률 또한 3퍼센트대에도 미치지 못할 것이라는 전망을 내놨다.

당시 분위기가 그랬다. 작년 7월, 한국은행이 2012년 2분기 우리나라 경제성장률이 전년 대비 2.4퍼센트를 기록했다고 발표했다. 경기가 당초 예상했던 '상저하고' 대신 '상저하저' 흐름으로 갈 것이라는 전망이 경제 전문가와 외국계 투자기관들 사이에서 대세로 받아들여지는 분위기였다. 하반기에도 소비와 수출, 투자 등 어느 하나 나아질 만한 지표가 없다는 것이 이유였다.

글로벌 투자은행인 골드만삭스와 바클레이스는 당시 보고서에서 '하반기 한국의 수출이 다소 회복되겠지만, V자형의 빠른 반등을 기대하는 것은 무리'라고 했고, 씨티그룹도 '글로벌경제의 불확실성이 짙어져 한국의 고용 여건이 상반기보다 개선되기 어려울 것'이라고 평가했다. LG경제연구원은 "세계 교역 둔화로 하반기에 국내 경기가 회복되기는 어려울 것"이라며 "수출 둔화로 기업들의 수익 창출이 제약돼 제조업 고용 감소가 지속되고 투자도 위축될 것"이라고 내다보고 있었다.

유럽 재정위기를 많이 걱정하고 있는 가운데 또 하나의 걱정거리가 미국이었다. '재정절벽 Fiscal Cliff'이라는 생경한 용어도 막 등장했던 시기다.

"재정적자 규모를 급격히 줄이는 상황이 오게 되면, 아마 유로존의 위기가 해결 안 되는 상황에다 재정절벽정책까지 쓰게 되면 전 세계가 경기침체의 장기화 국면으로 가지 않을까 생각됩니다. 위험 부담이 굉장히 커지는 것이죠."

미국의 경기회복 기운이 보이는 가운데 유로존의 위기가 발생했다. 그런데 다시 미국에서 재정절벽 상황이 도래한 것이다. 말 그대로 엎친 데 덮친 격이다.

2.
확실한 것은
모든 게 불확실하다는 것뿐

재정절벽이란 재정적자 감축 및 각종 감세조치 종료 등 재정축소 방안이 2013년 초에 시행되면서 정부의 투자와 소비가 급격히 위축되는 상황을 말한다. 투자은행 골드만삭스의 경제학자 알렉 필립스가 급격한 재정 지출 삭감을 절벽에 빗대어 처음 사용한 말이지만 미국 연방준비제도이사회 벤 버냉키 의장의 언급으로 널리 퍼지게 됐다.

재정절벽이 발생할 경우 총 5,500억 달러에 이르는 재정적자 감축 효과가 발생하면서 GDP 성장률이 전년 대비 0.5퍼센트 감소하는 등 경기후퇴가 예상된다는 분석이 있다. 그러나 '확실한 것은 불확실성뿐이다Nothing is certain but uncertainty'라는 문구가 곳곳에서 언급될 정도로 재정절벽이 현실화될 경우, 실제로 감축되는 재정적자 규모나 그것이 경제에 미치는 영향 등에 대해 여러 견해가 제시되고 있고 견해들

간의 격차도 큰 상황이다.

작년 9월, 미 의회의 개원으로 재정절벽에 대한 논의가 재개되었으나 이후 대선 과정에서 논의가 지연되었고 선거 이후에는 레임덕 세션낙선의원들의 잔여 회기으로 인해 양당 간 협상 의지가 약화되었다. 부자 증세안을 둘러싸고 민주당 오바마 대통령과 공화당 존 베이너 하원의장 간 이견이 지속되면서 재정절벽의 실현 가능성이 높아지기도 했다.

재정절벽은 우선 재정 지출과 세금, 두 가지 절벽으로 구분된다. 지출절벽은 2011년 미 의회가 정부의 부채 상한선을 상향 조정하는 대신 향후 10년간 재정적자를 1조 2,000억 달러 줄이는 재정 건전화 방안인 예산통제법이 통과되면서 시작됐다. 올해부터 1,100억 달러 정도의 정부 예산이 자동 삭감되는 시퀘스터Sequester가 작동될 예정이다.

세금절벽은 전임 부시 행정부에서 발효된 감세안의 만기가 도래함에 따라 연장에 실패할 경우 예상되는 약 5,000억 달러 정도의 세금 인상이다.

민주당, 공화당 양당이 합의에 실패해 두 절벽이 현실화될 경우 2008년 리먼 사태 이후 겨우 회복 국면에 진입하고 있는 미국경제가 말 그대로 절벽으로 떨어질 것은 명확했다. 그런데 다행히 재정절벽 합의안이 마감 시한을 두 시간 넘긴 1월 1일 상원을 통과하고, 같은 날 저녁 하원까지 통과함으로써 일단락되었다. 이번 합의안에서는 세제 쪽만 합의를 했고, 지출 문제의 핵심인 시퀘스터 문제는 두 달 동안 유예했다.

중국의 신화통신은 합의안에 대해 '이제 미국은 재정절벽이 아니라 재정심연Financial Abyss에 빠지기 일보 직전'이라고 조롱했지만 재정비탈Fiscal Slope로 마무리될지 세계가 숨죽이며 지켜보고 있다.

내용을 간단히 살펴보자. 개인소득 40만 달러, 합산 가구소득 45만 달러 이하의 소득 계층은 부시 행정부의 세금 감면 효과를 유지할 수 있게 되었다. 그 이상의 소득을 올리는 고소득층은 최고 세율이 35퍼센트에서 39.6퍼센트로 올랐다. 더불어 주식이나 고가 부동산에 대한 양도 차익세율 역시 인상되었다. 중산층 이하 계층에 대해서는 부시 행정부의 세금 감면을 유지하고 고소득층에 대해서만 세율을 인상한 것으로 보인다. 그러나 현행 2퍼센트의 급여세 감면제도가 폐지되어 중산층의 세금 부담 역시 늘어나게 되었다. 이로 인해 미국 전체 인구의 77퍼센트 정도가 추가적인 세금을 부담하게 된다.

그런 반면, 재정 지출 쪽은 앞서 언급했듯 이번 합의안에서 제외됐다. 미봉책이라는 비난도 있지만 일단 급한 불은 끈 셈이다. 완전히 불씨가 꺼진 것은 아니니, 아직 안심할 단계는 아니다.

재정비탈이 된다 하더라도 대미 수출의존도가 10.7퍼센트에 달하는 국내경제에 적지 않은 영향을 미칠 것으로 보인다. 국내경제성장률은 수출 경기 둔화에 따른 실물 경기 부진 등으로 2퍼센트 초반까지 하락할 것으로 추산된다.

산업 부문에서의 타격이 심각할 것이다. 각종 감세조치 종료로 미국 가계의 가처분소득이 감소하면서 자동차 수요가 둔화될 것으로 보인다. 재정절벽 발생 시, 미국의 자동차 수요는 전년 대비 0.7퍼센트 가량 감소할 것이라는 산업계의 분석이 나오고 있다.

재정절벽 문제는 재정정책을 통한 경기부양에 한계가 있음을 극단적으로 드러낸 사건이다. 최근 유럽이나 일본 등 선진국은 물론이고 브라질 등 신흥국에서도 재정적자 문제가 부각되고 있다.

재정 건전성 확보 등 중장기적 대응 방안을 모색해야 한다. 결코 남의 나라 얘기가 아닌 것이다. 우리나라에서도 재정절벽 우려가 높아지고 있다. 정부가 경기 진작을 위해 올 상반기에 재정의 60퍼센트를 조기 투입한다고 결정했다. 정부는 올 상반기 경제정책의 초점을 투자 촉진과 내수 진작 등 경제 활성화에 맞추기로 했다. 경기 둔화에 적극 대응하고자 상반기에 재정예산 · 기금 · 공공기관의 60퍼센트인 173조 8,000억 원을 집행하겠다는 것이다. 일자리와 사회간접자본SOC, 서민생활 안정과 관련한 99조 4,000억 원은 상반기에 60퍼센트보다 높은 수준에서 투입하기로 했다.

그런데 문제는 하반기에 가용 재원이 절대 부족한 일종의 '한국형 재정절벽'이 나타나면 경기가 급락해도 끌어올릴 수 없다는 경고가 제기되고 있다는 점이다. 재정 조기집행정책은 경기가 상반기에 나쁘고 하반기에 좋을 것이라는 '상저하고' 전망을 토대로 한다.

최근 3년간 경기 흐름을 보면 재정 조기투입에도 상반기보다 하반기에 더 나빴다. 지난해의 경우 전기 대비 실질 국내총생산GDP 증가율은 1분기 0.9퍼센트에서 3분기 0.1퍼센트로 후퇴했다.

3.
한국의
미스터 둠

강태영 소장의 세계경제 전망은 계속된다.

"다만, 한 가지 고무적인 것은 미국경제가 약하긴 하지만 회복 모멘텀도 있다는 것입니다. 주택 경기지표가 이제 바닥을 쳤다고 보고 약간 올라가는 편이구요. 셰일가스라는 새로운 에너지원이 개발된 거죠. 미국에서 제일 먼저 상용화가 됐는데 미국의 제조업 붐이 일어나지 않을까 하는 기대도 있습니다. 일본이 장기침체를 벗어날 상황은 안 되고 유럽은 유로존 해결이 잘 안 될 것 같고요. 중국도 하방 위험이 커지고 있습니다. 중국도 연평균 성장률이 8퍼센트도 안 될 겁니다. 그러고 보면 우스갯소리 같지만 유일하게 남는 세계경제의 버팀목은 미국이 되지 않겠나 하는 얘기도 있습니다. 그래서 미국의 재정절벽이라는 정책이 실시된다면 세계경제에 상당한 여파가 있겠지만, 많은 경제학자가 '재정절벽정책의 시행까지는 가지 않을 거다'라는 전망도 하고 있습니다."

일단 그의 전망은 예상을 빗나가지 않았다. 상저하저를 언급했는데, 2012년 우리나라 경제성장률을 어떻게 전망하는지 물었다.

"저희도 사실 올해처럼 전망치를 많이 수정한 적이 없을 겁니다. 여러 차례 수정했는데 지금은 2012년에 2.9퍼센트로 보고 있습니다. 한국은행이 3.0퍼센트로 지난 7월 발표했는데 정부는 3.3퍼센트로 보고 있고요. 저희도 처음에는 3.3퍼센트로 봤었다가 2.9퍼센트로 내렸는데, 내렸던 이유가 수출과 투자, 소비가 다 부진할 거고 특히나 우리나라 같은 경우 가계부채 문제가 상당히 심각하다는 것도 전망치를 하향 조정한 이유 가운데 하나입니다."

2008년 금융위기 이후 가까스로 벗어나던 상황에서 새로운 성장 모멘텀이 없을 것으로 전망했다. 포스코경영연구소에서는 2015년까지 3퍼센트의 저성장이 장기화되지 않겠냐고 보고 있었다. 어두운 전망을 던져놓기 때문에 강태영 소장이 흔히 한국의 미스터 둠으로 불린다.

"저를 미국의 루비니 교수에 비유를 합니다. 국내경제를 암울하게 보는 경제연구소장이라고 말이죠. 하하하."

어두운 전망을 던지는 사람의 웃음 치고는 환했다.

"미스터 둠이라고 얘기를 합니다만, 특히 KDI원장께서 항상 포스코는 암울하게 본다고 얘기를 합니다만, 포스코경영연구소가 아무래도 제조업이 기반인 철강업 모회사를 두고 있기 때문에 경기에 상당히 후행하는 편이거든요. 빨리 앞서 가야 그다음에 따라가는 형태이기 때문에 남들보다 보수적으로 보는 것도 사실입니다."

본인인들 어두운 전망을 내놓고 싶겠는가. 조심성이 느껴졌다.

L자형 장기침체도 거론되고 있었다. 성장동력을 찾을 수 없는 것인가 궁금했다. 그는 대뜸 깊은 한숨부터 내쉬었다. 올 것이 왔다는 듯 표정이 엄숙해졌다.

"그것이 위정자도 그렇고 기업하는 사람들도 가장 어려운 대목인 거 같습니다. 현재 기업들은 백방으로 원가절감 등 비상경영 노력도 하고 한편으로는 새로운 성장 모멘텀을 찾으려고 노력을 하고 있습니다만, 이게 쉬워 보이지만은 않습니다. 철강 산업만 보더라도 아시는지 모르겠습니다만, 굉장히 심각한 상황입니다. 다른 어떤 산업보다도 철강 산업 같은 경우 구조적인 공급과잉 시기에 접어들었거든요. 과거 2000년대부터 10년 동안 철강 산업 사이클이 좋았는데 그때는 포스코 주가가 70~80만 원까지 갔던 시대였습니다. 그런데 이제는 30만 원대에 머물고 있지 않습니까? 이는 경기가 침체되면서 철강 수요는 더 이상 늘지 않는 반면 공급과잉이 심각해졌기 때문입니다. 특히 중국에서의 공급과잉이 상당히 심각합니다. 한국, 중국, 일본 세 나라의 공급과잉 규모만 해도 2억 톤 가까이 됩니다. 국내생산량이 5천만 톤밖에 안 되는데, 한중일 동북아 세 나라에 한국의 생산 규모의 네 배에 달하는 철강 공급과잉이 있습니다."

2013년 1월 초, 포스코의 주가는 35만 원 선이다. 그가 말한 소위 잘나가던 시절의 주가에 정확히 반토막이다.

수요와 공급이라는 가격 결정구조에서 봤을 때, 공급과잉은 기업에게는 치명적이다. 산업의 쌀이라고 불리는 철강, 경기침체로 이제 애물

단지가 되어버리는 것인가? 실제 2009년 3월 하나금융연구소가 펴낸 '중국 철강 업계의 변화가 국내 철강 산업에 미치는 영향'이라는 보고서를 살펴보자.

중국 철강 산업은 2000년대 이후 고성장세를 거듭하면서 세계 최대의 철강 생산과 소비국으로 자리매김했으며, 질적인 측면에서도 외형에 버금가는 성장을 이루기 위해 정부는 대형화와 구조조정을 정책의 핵심으로 일관되게 추진 중이라고 전했다. 중국 철강 가격은 세계적 금융위기 여파로 급락했으나 정부의 경기부양에 대한 기대감으로 회복세를 보이고 있다. 그러나 철강 가격 상승에 편승한 업체들의 증산으로 재고가 급증하자 2009년 2월 이후로 다시 하락세를 보이고 있다. 2008년 중국은 사상 최초로 단일국가로서 조강 생산량 5억 톤을 달성했지만, 수요를 초과하는 생산설비 증설로 과잉 생산 능력에 직면했다. 중국의 설비 능력 축소와 감산이 적기에 이루어지지 않는다면 수출량 증가, 세계 철강 수급 불균형 심화, 철강의 가격 하락이라는 악순환에 빠질 수도 있다. 그러므로 중국의 수급 동향은 세계 철강 업계의 가장 중요한 리스크 요인의 하나라고 진단했다. 결국 이러한 우려가 현실이 된 것이다.

"새로운 성장 모멘텀 찾기가 굉장히 어렵다고 보면 됩니다. 그런데 기업들이 노력하는 것은 결국 글로벌시장에서 경쟁력을 갖는 것이 새로운 성장 모멘텀이 아니겠냐는 거죠. 포스코 역시 해외 생산기지도 만들고 해외에 마케팅 전초기지도 많이 만들었습니다. 그래서 누가 과연 글로벌 경쟁력을 가져갈 것이냐가 새롭게 찾아야 할 성장 모멘텀의 한 축이라고 보구요. 또 나머지 한 축은 제조업의 경우도 제조업의 서비스화라는 것을 많이 얘기합니다. 단순히 생산한 철강 제품을 판매하는 것에만 그치는 것이 아니라 철강 제품과 금융 서비스, 여러 가지 기타 기술적인 서비스까지 종합해서 하나의 토털 퍼키지 형태의 제품 서비스화를 하는 노력들입니다. 이른바 융복합 시대에 적응하기 위해 새로운 성장 모멘텀을 찾는 노력이라고 볼 수 있습니다."

우리 산업계가 글로벌시장에서 살아늗기 위해, 아니 1위가 되기 위해 얼마나 치열하게 경쟁하고 있는지 여실히 보여주는 설명이다. 경쟁이 없는 곳에는 경쟁력이 생길 수 없다.

4.
선진국형 경제로
진입하고 있다

우리 경제의 가장 큰 위험 요소는 무엇인지 강태영 소장에게 물었다.

"국내경제에서 가계부채가 하나의 시한폭탄이라고 생각하고 있습니다만, 가계부채가 부동산의 침체와 맞물려서 돌아갈 경우에는 일본식 장기침체, 장기불황이 걱정됩니다. 특히 부동산 거품이 꺼지지 않을까 하는 게 가장 우려되는 부분이기도 하구요. 두 번째는 중국경제입니다. 우리나라의 중국경제에 대한 의존도가 상당히 심하지 않습니까? 만약 중국경제가 경착륙이 된다면 상당한 여파가 있겠죠. 두 가지 요인을 크게 보고 있고요. 세 번째로는 우리나라가 외환자본시장이 가장 많이 개방된 나라 중 하나라는 겁니다. 많은 투기적 자본들이 우리나라 주식시장과 외환시장을 투기적 자본의 이익을 창출해내는 터전으로 생각한다고 그래요. 그래서 유출입이 잦은데, 우리나라 원화 환율이 위안화나 엔화에 비해 상대적으로 어떻게 유지될 거냐는 것이 큰 위기 요인이 될 수도 있겠다고 봅니다."

그 역시 가계부채와 부동산의 침체, 그리고 중국의 경제성장률 둔화를 위험 요인으로 꼽았다.

새로운 것은 환율에 대한 우려였다. 수출기업 경영연구소의 소장답게 환율리스크를 걱정하고 있었다. 수출입의 기업은 환율 1원의 등락에 울고 웃는다. 포스코경영연구소에서 2012년 경제성장률을 2.9퍼센트로 보고 있었다.

경기침체가 장기화될 경우 가장 우려되는 부분이 무엇인지 물었다.

"제일 걱정되는 부분은, 우리나라도 내수시장이 활성화되는 편이었는데 고령화와 가계부채 문제가 겹치면서 내수시장이 활성화될 수 있는 여건이 상당히 어려워졌다는 점입니다. 특히 부동산시장이 활성화가 안 된다면 내수 진작이 어려울 것이라는 거고, 인구고령화와 함께 우리나라 잠재성장률은 더 하락하지 않을까 하는 것이 우려되는 대목입니다."

우리나라 잠재성장률을 4퍼센트대로 보는데, 이미 2010년도가 4퍼센트였고 2010년 이후에는 3.8퍼센트로 보고 있다고 말했다. 이런 식으로 가면 2016년 이후에는 잠재성장률 2.4퍼센트에 머물 것이라고 말했다.

잠재성장률이 이렇게 떨어지는 것을 우리 경제도 이제 선진국형으로 들어갔다는 의미로 봐야 하는 것인가?

"아무리 노력한다고 하더라도 선진국처럼 2퍼센트대의 성장률에 만족해야 할지도 모르겠다는 생각입니다. 그것도 잘해야 그런 것이지, 만약 가계부채나 자산 디플레이션이 겹치게 되면 그것조차도 어려워질 수 있습니다."

그럼 어떻게 이 난국을 타개해야 하겠는가? 가장 핵심적인 질문을 던졌다.

"해법 때문에 여러 가지 고민을 했습니다만, 어떤 한 가지 정책으로도 어려울 것 같고 2008년 글로벌 금융위기를 해결하고자 G20이 모여서 국제적인 정책공조를 통해 간신히 위기를 봉합하고 있지만 성장 모멘텀을 찾기가 어려운 상태입니다. 그리고 또 하나는 어쩌면 이번 위기가 옛날의 대공황보다도 더 심한 세계대공황으로도 빠질 수 있다는 위기 요소까지 남아 있단 말이죠."

대공황 때보다도 더 안 좋은 상황까지 갈 수 있다니……. 이번 위기가 얼마나 심각한지를 보여주는 말이기도 했지만 역시 그의 별명대로 상당히 비관적이고 무거운 대답이었다.

위기에서 벗어날 방안에 뾰족한 답이 없다는 것인가?

"글쎄요. 그렇게 될 가능성까지 고려해서 정부의 정책도 시나리오별로 대응해야 하는 그런 때가 오지 않았겠냐는 것입니다. 지금까지는, 사실 기업들은 시나리오 경영이라는 말을 많이 썼습니다. 정부에 건의하고 싶은 것은, 정부도 위기 시나리오를 갖고 그에 적절한 정책포트폴리오를 가져가는 것이 필요하겠다고 보고 있고요. 그다음 중요한 것이 위기 상황을 극복하는 것이 정부정책이나 기업의 힘만으로는 안 될 거라는 겁니다. 정치권의 초당적인 협력으로 위기에 맞서는 국민적 화합을 이끌어내야 하는 것이 두 번째로 지적하고 싶은 것입니다. 물론 가장 중요한 것은 기업들의 역할입니다."

정치권이 국민의 화합을 이끌어내는 것은 당연한 주문이다. 그런 주문이 나오게 된 것이 문제다.

가장 중요하다고 강조한 기업의 역할이란 무엇일까?

"늘 강조했던 것이지만 기술적인 차별화라든지 고급화를 말합니다. 이제야말로 이런 노력을 해서 정말 우리 기업들만이 글로벌시장에서 가질 수 있는 경쟁력을 찾는 것, 거기에 하나 더 더한다면 아까 제조업을 기반으로 한 제조 서비스화의 실현입니다."

5.
준비하고 때를 기다리면 반드시 성공한다

포스코경영연구소는 세계적인 철강 업체 포스코에서 세운 연구소다. 역할과 과제는 무엇인지 강태영 소장에게 물었다.

"출입문에 'Creative Think Leader in Steel and Beyond'라고 써놨습니다. 최근 우리 연구소 연구원들이 스스로 만들어낸 연구소 비전입니다. 그 문구를 보시면 우리 연구소의 역할과 과제가 가장 함축적으로 잘 표현됐다고 봅니다. 어려운 상황 속에서도 창의적인 인사이트를 찾아내는 싱크리더가 되는 것이 저희의 역할이라고 보고 그 대상 산업 분야는 물론 철강 산업이 가장 주가 되겠죠. 포스코와 관련된 다른 소재, 에너지 산업 분야도 대상이 됩니다. 두 번째로는 국가와 경제, 사회 발전에 기여할 수 있는 거시적이거나 산업정책적인 제안을 하는 연구소가 되는 것입니다. 창의적인 싱크리더가 되자는 것입니다."

그럼 지향하고 있는 싱크탱크가 있을 것이다. 강태영 소장은 포스코 경영연구소를 미국의 맥킨지 글로벌 컨설팅사나 일본의 노무라연구소 같은 창의적이고 상당히 높은 수준의 전략을 제안할 수 있는 연구소로 만들고 싶다고 말했다.

그러면 그들처럼 되기 위해서 필요한 과제는 무엇일까?

"저희 연구원이 120명 있습니다. 맥킨지나 노무라가 갖고 있는 장점은 오랜 기간 쌓아온 데이터베이스화입니다. 관련된 사례들도 그렇고요. 두 번째로 집단지성의 힘이 우리 연구소의 핵심이 되어야 한다고 얘기하고 있어요. 혼자서 연구하는 것보다 같이 팀워크를 발휘해서 뭔가 새로운 인사이트를 찾아내려는 노력, 소위 '컬렉티브 인텔리전스Collective Intelligence'라고 하지 않습니까? 그것이 필요하다고 봅니다."

그는 매일 아침 8시 8분에 회의를 연다고 했다. 8시나 8시 10분이 아닌, 8분은 어떤 이유 때문일까?

"제가 요즘 이상한 버릇이 생겨서 자명종도 예를 들면 5시 5분, 5시나 5시 30분이 아니라 5시 5분에 맞춰놓습니다. 시간 개념을 1분 단위로 하자는 의미죠. 간밤에 어떤 일이 있었더라도 깨어 있는 정신으로 모여서 집단지성의 힘을 발휘하는 회의를 하자! 그래서 그걸 셔틀회의라고 이름을 붙였습니다. 셔틀버스처럼 매일 정기적으로 다닌다는 거죠. 매번 타는 사람들은 바뀌지만 셔틀버스의 목적지는 집단지성의 힘을 발휘하는 지점입니다."

1분 단위로 쪼개서 사용하자는 시간 개념…… 시간이 돈이고 경쟁력이다. 누구나 이렇게 막연하게 말들 하지만 사실 그는 이 분야의 전문가다. 그는 노무현 정부 시절, 청와대 혁신비서관을 지냈다.

"노무현 대통령과 인연을 맺게 된 게 정치적 동기는 하나도 없었습니다. 2000년에 포스코에서도 가장 잘나가는 종합기획팀장으로 발탁, 승진됐는데 그 자리를 두 달 만에 박차고 나가 후배와 함께 벤처회사를 창업했었습니다. e-비즈니스 컨설팅이라고 해서 한때 인터넷 비즈니스 붐이 일어날 때였습니다. 인터넷 비즈니스 모델에 대한 전략컨설팅을 하는 것이었는데, 20, 30명의 직원과 함께 시작했죠. 3년 동안 CEO로서 매달 월급을 줘야 하는 경험을 했습니다. 월급을 주고 뒤돌아서면 또 월급을 마련해야 하는 상황이 되더군요."

포스코라는 세계적인 철강기업의 종합기획팀장을 박차고 나올 수 있다는 것은 대단한 용기였다. 아니면 무모함이었을까. 어쨌든 그는 종합기획팀장이라는 보장된 미래를 박차고 나왔다. 그러고는 벤처 사업가로 변신했다. 직원들 급여를 마련하느라 한 달이 어떻게 지나갔는지 모르겠다고 말했지만 3년 동안 회사를 지켜냈다면 안정적 궤도에 들어선 것이라고 볼 수 있다. 사업가로서도 충분한 검증을 거친 셈이다.

"아주 치열한 3년이었다고 생각합니다. 사업을 막상 하면서 참 많은 것을 느꼈는데 3년째 들어서면서 이제 막 흑자를 보려고 하는 찰나 참여정부가 들어서게 됐고 그때 대학 동창이 저보고 '노 대통령이 청와대 업무 자체를 혁신하고 싶어 하신다. 그런데 그걸 하려면 정부공무원들로만 해서는 안 될 것 같고 민간에서 그런 일을 해본 사람이 필요할 거 같은데 한번 같이 해보지 않겠느냐?' 해서 혁신 전문가로 들어가게 된 것입니다.”

그때 맡은 조직 이름이 PPR이었다고 했다. ‘POLICY PROCESS REENGINEERING’, 즉 정책 프로세스의 리엔지니어링을 담당하는 업무였다고 한다. 대부분 관료들의 일이 비정형의 업무였다. 비정형 업무는 기록을 남기지 않으면 매번 맨땅에 헤딩을 하는 형태가 된다. 예를 들어 부동산정책의 경우, 이전 정부에서 했던 정책이 하나도 데이터로 남아 있지 않으면 계속 시행착오를 반복한다고 했다. 가능하면 모든 업무를 기록에 남기고 기록에 남는 것을 공유해서 새로운 지식을 창조하는 것을 만들어보자는 취지였다고 한다. 그래서 청와대의 업무관리 시스템을 만들게 된 것이다. 특허를 받게 된 것도 아이러니했다. 노무현 대통령이 탄핵으로 직무정지 상태에 있을 때 유일하게 할 수 있는 일이 이 일이었다는 것이다. 대통령의 업무가 아니었기 때문에 이 일에 매달릴 수 있었다고 한다. 노 대통령이 탄핵을 당하지 않았다면, 다른 양상으로 전개됐을 수도 있었던 것이다.

“그때 제가 1년 가까이 매 주말마다 불려 다닌 거죠. 그것도 집무실에서 못하고 관저에서 작업을 했습니다. e-지원이라고 했어요. 청와대 녹지원이라고 있는데 그걸 본떠 인터넷상의 지원, 즉 ‘지식의 정원이다’라는 것을 만들고 청와대 업무관리 시스템을 직무관리명으로 특허를 낸 거죠. 대부분 대통령께서 주신 아이디어였기 때문에 노무현 대통령께서 80퍼센트, 그때 참여했던 저를 포함해 네 명이 5퍼센트씩 지분을 갖는 영광을 가졌던 겁니다.”

사무실 벽면에 사자성어가 눈에 띄었다. 혹시 서예의 대가가 아닌지 싶었다. 대개 본인이 쓴 것을 걸어놓곤 하기 때문이다.

"제가 쓴 건 아니고, 서예는 이제 막 시작했습니다. 아직 왕초보 단계지요. 청와대 있을 때 우연히 알게 된 스승님이 한 분 계세요. 은둔하시면서 제자를 키우시는 분인데 그분에게 배우고 있습니다. 저는 그동안 서양적인 사고방식으로 살아왔어요. 영국 유학 등으로 서양적 사고와 학문에 많이 노출돼 있던 것이죠. 그런 제가 그분을 통해서 동양고전과 동양철학으로 조상님들의 지혜를 배우고 있는 중입니다."

강태영 소장의 둘째 딸이 런던올림픽 클레이 사격 국가대표 선수다. 대회에 나가기 전 선전을 기원하는 의미에서 글을 부탁했다고 한다.

"일념통천 一念通天 입니다. 아시다시피 매사에 일념으로 자기 열정과 의지로 최선을 다하면 하늘과 뜻이 통할 것이라는 의미죠. 또 하나는 이비대시 以備待時 죠. 항상 준비를 하고 때를 기다리는 자세로 삶을 산다면 좋지 않을까 해서 항상 염두에 두고자 사자성어를 걸어놨습니다."

일념통천, 간절히 원하면 이뤄진다는 것이다. 하늘과 뜻이 통할 정도로 정성을 다한다면 못 이룰 일이 없지 않을까 싶다. 춘추 시대 관중이 자신의 저서 『관자 管子』에서 '준비하고 때를 기다리며, 때가 됐을 때 성사시키라 以備待時 以時興事' 라고 했다.

경기가 나아지기를 간절히 기원하면 실제로 경기는 좋아질 것이다. 그러나 그냥 손 놓고 기다려서는 안 될 것이다. 만반의 준비를 하면서 그때를 기다려야 한다.

2013~2014
Economic
Forecast

Chapter 9

우리 시대의 화두,
경제민주화란?

_ 현대경제연구원 김주현 원장

- 애리즈나 주립대 대학원 경영학 박사
- 고려종합경제연구소 선임연구위원 역임
- 현 현대경제연구원 원장

1.
탄성치를 잃은 부동산정책

경제연구소 수장들과의 연속 만남의 두 번째로 현대경제연구원 김주현 원장을 찾았다.

'하우스푸어'와 '렌트푸어Rent Poor', '에듀푸어Edu Poor'라는 말까지 등장하며 다들 힘들어하던 2012년 여름이었다.

"3퍼센트 중반 정도의 성장은 하지 않을까 그렇게 예상을 했었는데 지금 반기실적이 나오고 보니 올해 3퍼센트 성장도 힘들겠다고 합니다. 지금 경기를 어떻게 봐야 할지, 내수 경기가 나쁜데 원인은 아무래도 외부의 충격이거든요. 유럽의 재정위기가 재발되면서 회복되던 경제가 주춤해지고, 그러면서 수출 경기가 나빠지고 내수 경기가 회복을 못하고 있습니다. 그래서 3퍼센트가 안 되는 게 아닌가 하고 봅니다."

김주현 원장도 유로존의 위기와 그로 인한 대외 여건의 악화를 거론

했다. 선진국들의 모임으로 기분 좋게 출발했던 유로존이 이 지경으로 전락할지 누가 짐작이라도 했던가.

"내용을 좀 들여다보면 유럽은 새로운 상황은 아닙니다. 원래 유럽도 마이너스 성장을 예상했었습니다. 예상 외로 우리의 수출 주력시장이 되고 있는 중국으로의 수출이 급락하고 있고, 우리가 기대했던 미국의 경기회복이 늦어지면서 우리 수출시장이 어려워지고 있습니다. 수출시장이 굉장히 나빠졌어요. 8월까지 누적수출로 보면 전년도 19퍼센트 성장에 비해 마이너스 성장했으니 엄청나게 타격을 받은 거죠."

수출의존도가 높은 우리 경제가 맥을 추지 못하는 것이다. 경기는 원래 좋지 않았다. 거기에 소비는 가계부채와 부동산 경기의 하락으로 살아나지 못하고 있다. 수출시장이 좋지 않으니 설비투자도 늘어나지 않고 내수 경기가 동반하락하고 있는 상황이다.

김주현 원장은, 경기는 2012년 하반기쯤 회복될 것으로 기대했는데 회복이 늦어지면서 침체 국면이 깊어지는 상황에 와 있다고 진단했다. 한마디로 정말 힘든 상황이다.

L자형 장기침체로 봐야 하는지, 이 침체가 오래갈 것인지 그에게 물었다.

"성장률로 보면 전년도에 3.6퍼센트, 올해 2퍼센트대 중반 한다고 보면 단순히 성장률이 떨어지는 거지만 분기별 성장률을 보면 굉장히 기분이 좋지 않습니다. 왜냐하면 전년 2011년 1분기 4.2퍼센트 성장에서부터 조금씩 떨어지기 시작해 작년에 3.6퍼센트를 했는데 올해 들어 1분기 2.8퍼센트, 2.4퍼센트로 아주 서서히 경제성장률이 하락하고 있습니다.”

회복을 위해서 우리의 주력 종목인 수출시장이 살아나야 한다. 그렇다면 우선 외부에서 온 충격이 해소돼야 한다고 지적했다.

즉, 미국 경기가 회복되는 것이 가시화되고 중국 경기의 급락이 멈춰야 한다는 것이다. 이런 것들이 전제된다면, 내년 상반기 경기가 회복 국면으로 돌아서지 않을까 하는 조심스런 전망을 그는 내놨다. 대외 상황이 개선되지 않는다면, 즉 미국과 중국의 경기하강 국면이 멈추지 않는다면 우리도 장기침체로 들어설 수 있다는 경고였다.

지금 당장 우리 경제를 위협하는 대내외적으로 가장 큰 리스크 요인이 무엇인지 물었다.

“지금 상태로는 가계부채와 부동산의 복합된 상황이 제일 큰 문제라고 봅니다. 분리해서 다루기는 힘들죠. 가계부채가 1,000조 원을 넘어섰다고 하는데 그중에 300조 원이 부동산담보와 관련된 대출이거든요. 부동산 경기가 3, 4년째 글로벌 금융위기 이후로 계속해서 하락세를 보이고 있는데, 우리나라는 대부분 가계의 자산이 부동산에 묶여 있습니다. 자산의 70퍼센트 정도가 부동산, 즉 집에 있습니다. 금융자산은 30퍼센트밖에 없고 대부분 부동산자산인데 국민은행이 발표한 지표상으로는 많이 떨어지진 않은 것 같지만 피부로 느끼기에는 10에서 20퍼센트 정도까지, 물론 지역에 따라 다르긴 하지만 평균적으로 부동산 가격이 하락했습니다.”

경기도 분당의 랜드마크 아파트 중 하나인 정자동 파크뷰 전용 139제곱미터가 감정가 14억 원에 시장에 나와 9억 4,670만 원에 최종 낙찰

됐다. 작년 12월의 일이다. 이 아파트는 작년 8월 시장에 나왔다가 세 번이나 유찰됐던 물건이다. 최저가가 7억 1,680만 원까지 떨어졌다가 이날 겨우 주인을 찾은 것이다.

이 평형은 2007년 초 19억 5,000만 원까지 시세가 치솟았던 곳이다. 낙찰가 9억 원은 고점 기준으로 보면 반도 안 되는 것이다. 같은 달 24일에는 2006년 말 16억 9,000만 원의 고점을 찍었던 정자동 미켈란쉐르빌 전용 157제곱미터가 7억 8,770만 원에 팔려 역시 고점 대비 반값에도 못 미쳤다. 부동산 경기침체가 장기화되면서 분당의 아파트들이 경매시장에서 반값에 팔려 나가고 있다. 수도권 주택시장의 단면을 보여주는 상징적인 사건이 아닌가 싶다.

"자기가 가지고 있는 자산 가격이 10에서 20퍼센트 하락했기 때문에 추가로 소비를 활성화할 수 있는 여력이 없는 거죠. 거기다 부동산과 관련된 가계부채가 집집마다 다 물려 있기 때문에 가계부채와 부동산이 연결된 이 문제가 소비시장의 발목을 잡고 있는 상황입니다. 부동산 가격의 하락 속도가 커지면서 가계파산 사태도 빚어지고 있습니다."

김주현 원장은, 지금 우리 경제는 내수 침체나 수출시장의 성장이 둔화되고 있는 것도 문제지만 가장 큰 걱정거리는 역시 가계부채와 부동산 시장이라고 진단했다. 하우스푸어 문제를 해결하기 위한 방안으로 정치권에서는 세일즈 앤 리스백, 즉 매각 후 임차방식이 논의되기도 했다.

"부동산정책이라는 것이 지난 20년 넘게 부동산이 과열되면 과열을 막기 위한 억제정책을 내놨다가 부동산시장이 죽은 것 같으면 활성화 대책을 내놓는 식이었습니다. 냉탕과 온탕을 오락가락했는데, 그나마 지금까지는 정책을 내놓으면 그 정책이 시장에서 먹혀들었거든요. 억제정책을 내면 시장이 좀 가라앉고 활성화정책을 내놓으면 시장이 살아나고 했는데, 지금의 부동산정책은 꼭 고무줄 탄성치 이상 늘어져서 이제는 놔도 다시 줄어들지 않는 상태, 그러니깐 부동산정책의 탄력성을 완전히 잃어버린 상태입니다."

결국 정부의 부동산정책이 오락가락하다 보니 시장의 신뢰를 완전히 잃어버렸다는 것이다. 여러 가지 부동산정책이 나와도 부동산시장이 움직이지 않는 상황에 있다는 것이다. 그럼 어떻게 해야 하는가? 정부는 탄성을 잃었다고 시장을 방치하거나 방관해야 하는 것인가?

"지금은 누더기처럼 돼 있는 부동산정책을 근본부터 다시 시작해야 될 때가 왔다고 봅니다. 왜냐하면 우리가 지금까지 유지해왔던 부동산의 수요와 공급의 틀이 많이 바뀌었습니다. 인구구조도 바뀌고 주택 수요에 대한 수요층도 바뀌고 수요 형태도 바뀌고 말이죠. 여러 가지가 바뀌었기 때문에 이제는 누더기가 돼버린, 조이고 풀고 하는 부동산정책에서 벗어나야 합니다."

완전히 새 판에서 부동산정책의 기본 틀을 새로 짜야 한다는 것이다. 물론 새 판을 짜는 일도 중요하지만 당장은 하우스푸어들을 위해서 세일즈 앤 리스백을 도입한다든지, 정부 예산으로 금융기관에서 주택을 사주고 거래를 활성화시키는 등의 특단의 대책은 실행되어야 한다고 그는 지적했다.

고무줄이 탄성을 잃어버렸다는 비유는 적절했다. 더 이상 줄어들지 않는 것이다. 시장의 신뢰를 잃어버린 정책들은 아무리 많이 나온다고 해도 시장은 움직이지 않는다. 수많은 부동산 대책이 발표될 때마다 현장의 반응을 취재하려고 부동산 중개업소를 다니며 인터뷰를 많이 했다. 그러나 약속이나 한 듯 인터뷰에 응하는 부동산 중개인들의 답변은 늘 같았다.

"일단은 분위기를 지켜보자는 반응이 많아요. 전화 문의는 많지만 당장 매매가 이뤄지지는 않고 있어요."

시장은 정부 의도대로 움직여주지 않았고 그런 전례를 여러 차례 학습한 국민들도 그동안의 학습 효과로 인해 더 이상 정부정책에 기대고 있지 않다. 부동산정책의 새로운 틀은 새 정부가 고민해야 할 몫인 듯싶다.

2.
'따뜻한 자본주의'가 요구된다

소비가 위축되고 있다. 소비자심리지수가 100 이하로 떨어지는데, 장기화된다면 가장 우려되는 것은 무엇인지 김주현 원장에게 물었다.

"부동산이라고 하지만 넓게 보면 건설 경기와 관련된 부분이거든요. 우리 GDP에서 건설투자가 차지하는 비중이 굉장히 큽니다. 15퍼센트 정도 됩니다. 물론 거기에는 정부에서 지출하는 건설투자도 있고 민간도 있긴 하지만, 민간이 75퍼센트 정도를 차지하고 정부가 25퍼센트를 차지하니깐 건설 부문이 GDP에서 차지하는 비중이 크고 종사자로 보더라도 건설 부문에 종사자들이 거의 180만 명 가까이 됩니다. 비중이 큰 산업 분야입니다. 그리고 우리 취업자 비중으로 보더라도 7퍼센트나 차지하고 있습니다."

그런데 우리 산업에서 이렇게 큰 비중을 차지하는 건설투자 부문이 3

년째 마이너스 성장을 계속하고 있다. 지난 몇 년 동안 경제성장률이 지지부진한 원인이 건설 부문의 성장 발목을 잡고 있는 것이나 마찬가지라고 분석했다. 대형 건설 업체가 부도나고 그에 따라 하청 업체도 무너지고 그 기업에 근무했던 종사자들이 실업자로 전락하는 도미노 현상이 벌어지고 있다. 부동산 경기침체는 결국 건설 부문의 부진으로 이어지고 국내 경기에도 치명적인 악영향을 미친다는 것이다.

"고도성장을 하던 시기에는 건설 부문이 GDP에서 차지하는 비중이 더 컸습니다. 그러나 지금처럼 우리가 선진국 문턱에 와 있다 하더라도 건설 부문이 국민경제에 기여하는 몫이 크다고 볼 수 있습니다. 3년째 장기간 마이너스 성장을 하고 있는데, 이것을 그대로 방치하면서 우리 경제성장의 발목을 계속 잡는다면 고용과 성장에 아주 마이너스 요인이 되고 결국 국민경제 전체가 발목 잡히게 될 겁니다."

김주현 원장은 건설 산업을 살려야 한다고 다시 한 번 강조했다. 현대경제연구원의 모기업인 현대건설이 떠올랐다. 국내 굴지의 건설회사이지만 건설 업계 전반의 불황을 피하지는 못하고 있다. 실제로 2008년 글로벌 금융위기 이후 건설 업계는 하루도 좋은 날이 없었다.

지난 1월 초 건설산업연구원이 시공 능력 평가 100대 건설사의 구조조정 현황을 조사한 결과, 2008년 이후 23곳이 인력을 줄인 것으로 나타났다. 2007년 말 11,503명이던 23개 기업의 상시근로자수는 2011년 말 8,569명으로 급감했다. 4년간 무려 25퍼센트, 즉 2,900여 명이 회사를 떠난 것이다.

유럽 재정위기가 닥치면서 상황은 갈수록 악화되고 있다. 그래서

2008년 이후 건설 업계는 하루도 편한 날이 없다는 것이다. 김주현 원장의 고민도 여기에 있는 듯싶었다.

건설 업계는 지금 제2의 외환위기인 것이다. 갑자기 눈물의 비디오가 생각났다. IMF 직후였던 1998년 봄, 제일은행 직원 4,000여 명이 감원당하면서 만든 '눈물의 비디오'라는 영상이 국가부도 사태에 지친 국민들을 더 가슴 아프게 했었다. 그 영상은 서울 강남 테헤란로 지점 직원들의 하루를 담은 것이었다. 회사를 떠나야 하는 직원들이 등장해 "남은 사람들이 잘 해달라"며 울었다. 가족들을 걱정하며 또 울었다. 이를 보는 남은 직원들도 울었다. 그래서 눈물의 비디오였다. 원래 이 영상의 제목은 '내일은 준비하며' 였다.

아직 이 정도까지는 아닐지도 모른다. 그러나 더 이상 사태가 악화된다면 벌어지지 말라는 법도 없는 것이다. 그도 그럴 것이 대형 건설사들도 인력 감축에 나서고 있기 때문이다. 시공 능력 평가 4위인 GS건설은 최근 1년간 직원이 229명, 3.3퍼센트 줄었다. 현대건설과 대우건설 등 다른 대형 건설사도 줄줄이 조직 통폐합이나 임원 감원을 단행했다.

구조조정으로 해결될 문제가 아니기에 막막함이 더하다. 건설 경기가 살아날 기미가 없기 때문이다. 국내 건설공사 수주액은 지난해 8월 이후 넉 달째 내리막길이다. 지난해 11월 국내 건설공사 수주금액은 8조 4,469억 원으로 전년 같은 기간보다 20퍼센트 가까이 줄었다. 건설 경기 부진이 우리 경제 전체의 발목을 잡을 수 있다는 김주현 원장의 준엄한 경고가 가벼이 들리지 않는 이유가 여기 있다.

국내 건설 산업이 무너지고 있다. 그렇다면 어떻게 이 위기에서 벗어나야 하는가 그에게 물었다.

"우리 경제의 잠재성장률을 3.8퍼센트 정도로 보는데 올해 만일 우리가 2퍼센트대 중반 성장을 하지 못한다면 잠재성장률과 우리 실제 GDP의 차이가 1퍼센트를 넘어서게 됩니다. 이 차이가 커지면 커질수록 우리가 원래 성장해야 하는 궤도까지 다시 복귀하는 데 시간과 비용이 많이 들게 됩니다. 그래서 어느 정부나 잠재성장률과 실제 성장률과의 갭을 줄이는 게 일이죠. 과열될 때는 과열되지 않게 하는 것, 또 반대로 침체가 과도할 때는 너무 침체되지 않도록 하는 게 정부의 경제정책 목표입니다. 지금같이 이렇게 외부 충격에 의해서 우리 경제가 급락할 때는 우선 급락을 막는 게 중요하죠. 정부에서 불용예산을 갖고 하겠다고 하지만 불용예산이 충분하지 않으면 추경을 사용해서라도 경제성장률의 갭이 커지는 것을 막는 역할이 필요합니다. 그런데 자칫 잘못하면 정치적인 논쟁으로 시기를 놓쳐버리는 수가 있습니다. 연말이 돼서 경제는 이미 나빠지고 내년으로 넘어가서 쓰게 되는데 경기가 좋아질 때 추경예산이 집행되어서 사이클을 증폭시킬 가능성도 있습니다. 이런 것들을 막기 위해서는 적시에 경제가 나빠지는 상황에 대한 처방이 행해져야 한다는 게 제 생각입니다."

결국 타이밍이 중요하다는 것이었다. 필요하다면 추가경정 예산을 써서라도 꺼져가는 경기에 불씨를 지펴야 한다는 것이다. 추경 편성은 새 정부에서도 논의되고 있는 방안 가운데 하나다.

정부는 올해 재정집행 규모를 289조 5,000억 원을 잡고 이 가운데 60퍼센트인 173조 8,000억 원을 상반기에 집행하기로 했다. 국회가 한 해

예산을 확정하고 그 예산을 시장에 풀기까지는 예산 배정과 자금 배정, 그리고 자금 집행의 대략 3단계를 거친다. 재정의 60퍼센트를 상반기에 집행하겠다고 했는데, 여기서 말하는 재정이란 예산과 기금, 공공기관 주요 사업비 등을 합한 것이다. 경기파급 효과가 큰 사회간접자본, SOC 재정투자 규모는 55조 1,000억 원이다. 이 중 60.6퍼센트를 풀기로 했다. 정부가 재정조기집행 목표를 60퍼센트로 잡았지만 이는 글로벌 금융위기가 한창이던 2009년 이후 매번 반복된 일이다. 상반기 조기집행은 새삼스러운 게 아니다. 최근 5년째 이어지고 있다.

작년부터 우리 사회에 화두가 되고 있는 것은 경제민주화다. 사실, 경제민주화에 대해서는 용어 자체도 생소하고 과연 그 정의가 무엇이냐에도 각 전문가마다 의견이 엇갈린다. 일단 사전적 의미는 균형 있는 국민경제의 성장과 안정, 적정한 소득의 분배, 시장의 지배와 경제력의 남용 방지, 경제주체 간의 조화 등으로 요약될 수 있을 것이다. 이것이 재벌 해체 등으로 와전되기도 했다.

이런 가운데 경제민주화를 단순한 정치 구호나 새로운 시대정신으로 볼 것이 아니라 시장경제의 체제를 보완하는 노력의 관점에서 봐야 한다는 주장이 힘을 얻고 있다. 시장경제 체제의 보완은 결국 자본주의경제 체제의 모순을 최소화하자는 뜻으로도 풀이된다.

재작년 자본주의의 탐욕에 항의하며 전 세계로 확산됐던 '월가를 점령하라'는 시위를 아직 기억하고 있다. 시장경제를 근간으로 하는 자본주의가 인류의 보편적 가치와 사회 발전에 가장 우수한 제도임을 인정하지만, 이로 인한 양극화 문제가 시스템 위기를 불러온 만큼 정부와 시장주체 간의 상생과 협력을 통해 동반성장을 이루는 소위 '따뜻한 자본주의'로 가야 한다는 것이다.

　새 정부의 경제정책 기조 역시 따뜻한 성장으로 집약할 수 있다. 성장과 분배의 조화를 통해 그동안 성장 위주의 정책에서 벗어나겠다는 의미로 해석된다. 성장의 온기가 사회 곳곳에 퍼지게 하겠다는 것이다.

　그러나 일단 새 정부의 경제정책 기조는 경제민주화보다는 경기부양 등 성장론에 초점이 맞춰질 것으로 보인다. 한국경제가 직면한 대내외적 불확실성이 커지고 있는 만큼 자칫 기업의 반감을 불러일으킬 수 있는 경제민주화보다는 안정과 성장에 무게 중심이 옮겨갈 것이라는 분석이다.

　경제민주화를 어떻게 볼 것인가라는 물음에 김주현 원장도 일단 신중할 필요가 있다고 말했다. 주요 기업이 이미 긴축경영, 위기경영 체제로 전환하면서 고용이나 투자를 늘리기 힘든 상황에서 경제민주화 카드를 거칠게 꺼낼 경우 성장이 더 어려워질 수 있다는 의미로 해석됐다. 경제계의 우려가 함축된 목소리가 아닐까 싶다.

　제2의 외환위기를 맞아 혹독한 겨울나기에 여념이 없는 건설 업계의 현실을 감안하더라도 일단 기업의 숨통이 트이고 직원들에게 안정된 직장을 보장한 뒤 경제민주화를 논해야 하지 않을까 싶다.

3.
위기,
슬기롭게 대처하자

민간경제연구원의 수장으로 경제가 좋지 않으면 남다른 부담감도 느낄 것 같았다.

"그렇죠. 경제 상황이 어려워져서 위기 상황에 들어갈 때는 진짜 무너지는 게 아닌가, 정말 끝이 아닌가 하는 생각이 들 때도 있죠. 1997년 말 외환위기를 맞았을 때도 그랬고, 2001년 9.11 테러 이후 신용카드대란이 일어났을 때도 그랬습니다. 2008년 글로벌 금융위기, 2011년 유럽의 재정위기 터질 때마다 다들 큰일이 났다고 생각합니다. 그런데 찬찬히 뜯어보면 그 위기의 원인이 다 다릅니다. 동기나 일어난 사건의 원인이 다르기 때문에 대처하는 방안도 있다고 생각합니다. 그 처방이 100퍼센트 문제를 해결하지는 못하지만 그래도 원인을 제거할 수 있는 처방이 있기 때문에 지금의 충격도 저는 우리 내부에서 온 충격의 시작은 아니었다고 봅니다. 외부에서, 즉 유럽 재정위기가 터지면서 온 충격이었기 때문에 수출시장이 나빠지고 거기에 덩달아 내수시장이 나빠지고 그런 상황이므로, 외부 상황이 호전되고 우리가 대응하는 능력을 조금만 슬기롭게 하면 진폭을 줄이고 충분히 대처할 수 있다고 봅니다."

유로존의 실업률이 사상 최고치를 새롭게 써나가고 있다. 지난 1월 초 EU 통계청 유로스타트는 지난해 11월 유로존 실업률이 전 달보다 0.1퍼센트 포인트 상승한 11.8퍼센트를 기록했다고 밝혔다. 실업자수는 1,882만 명이다. 유럽연합의 실업률은 유로존보다는 약간 낮다. 전 달과 같은 10.7퍼센트를 기록했고 실업자는 처음으로 2,600만 명을 넘어섰다. 나라별로는 경기침체가 심각한 스페인의 실업률이 26.5퍼센트로 가장 높았고, 그리스의 실업률도 20퍼센트로 전 달보다 악화됐다.

유로존의 청년 실업률은 24.4퍼센트다. EU 전체 청년 실업률 23.7퍼센트보다 높은 것으로 나타났다. 청년층 실업률 역시 그리스와 스페인이 각각 57.6퍼센트, 56.5퍼센트로 가장 높았다. 통계청의 수치가 실제 체감지수보다 낮은 걸 감안한다면 그리스와 스페인의 청년 10명 중 6명은 실업자인 셈이다.

소비성향이 가장 활발한 청년층 대부분이 실업자다. 그나마 다행인 것은 유로존의 경기체감지수ESI가 개선됐다는 점이다. EU집행위원회는 지난해 12월 유로존의 ESI가 87.0으로 전 달 85.7에 비해 상승했다고 발표했다. 이 지수는 두 달 연속 올라 최근 6개월 만에 최고치를 기록했다.

비록 고용은 나빠졌지만 경기체감지수는 개선됐다고 하니, 언젠가 유로존도 위기에서 벗어날 수 있을 것이라는 기대를 가져본다. 우리 내부의 문제로 홍역을 치루고 있는 것이 아니니, 조금만 슬기롭게 대처하면 이 위기에서 벗어날 수 있을 것이다.

"위기가 올 때마다 너무 놀랄 일은 아니라고 봅니다. 물론 걱정은 하고 대처를 해야겠지만 이것으로 한국경제가 성장해오던 것이 완전히 파탄 나는 것은 결코 아니라고 봅니다."

위기에 대한 학습 효과인가. 한두 번 당해본 일이 아니기 때문에 차분하게 대응하자는 것이다. 사실 IMF라는 사상 초유의 국가부도 상황을 맞았을 때 정말 나라가 망하는 게 아닌지 우려가 컸다. 그러나 그런 위기 속에서 우리는 재벌개혁과 금모으기 운동, 소비촉진정책 등을 실시해 2001년 8월 23일 IMF 구제금융 195억 달러 전액을 상환함으로써 IMF관리 체제를 졸업하지 않았던가. 그러니 필요 이상으로 위축되지 말자는 주문이다.

4.
남북 문제,
우리 앞의 과제다

경제 문제를 다루는 학자로서의 삶이 아닌 다른 삶을 살았다면 어떤 모습이었을까 궁금했다.

"글쎄요. 제가 경제나 경영 쪽의 공부를 했을 것 같아요. 그걸 공부해서 기업체 연구소가 아니었다면 아마 국제기구, UN에서 후발 개도국을 돕는 연구를 하거나 아니면 한국의 KOICA에서 비슷한 일을 하고 있지 않았을까 싶습니다."

그에게도 굴곡이나 고비가 있지 않았을까? 실패담이 나오기를 기대했지만, 김주현 원장은 재미있는 에피소드로 대신했다.

"현대그룹이 북한 사업을 했었는데 개성공단개발 사업을 할 때였습니다. 북한과 현대그룹이 개성공단 개발계획을 벌이게 됐는데 2,000만 평의 땅을 어떻게 개발할 것이냐에 대해 계획을 짜서 북한에 발표를 하게 됐습니다. 당시 아태위원회 김용순 위원장 앞에서 프레젠테이션을 해야 했는데, 당시 제가 부원장을 할 때였습니다.”

현대그룹에게는 아주 중요한 사업이었고 남북관계의 새 지평을 여는 사업이라는 점에서 국가적으로도 의미가 큰 사업이었다. 그때 그 사업 발표를 김주현 원장이 맡았다.

“막상 발표를 하는데 용어가 많이 달라서 아주 고생한 적이 있습니다. 그때는 주로 남한이나 북한, 이렇게 얘기할 때인데 6.15 공동선언이 발표된 직후라 남한, 북한이라는 표현을 못 쓰고 대신 남측, 북측 이렇게 이야기하라고 거였죠. 그런데 한 번 입에 붙은 말이 단번에 고쳐지지 않잖아요.”

결국 사단이 생겼다. 김주현 원장이 발표를 시작한 지 1분도 못 돼서 남한이라는 금지어를 쓴 것이다. 물론 무의식중에 나온 단어였다. 그러자 김용순 위원장이 발표를 중단시키며 용어를 문제 삼았다는 것이다. 앞으로도 발표는 20분이나 남았는데 언제 또 잘못된 용어가 튀어나올지 몰라 긴장된 상태에서 발표했던 것이 기억에 남는 에피소드라고 했다.

남북의 정치 상황에 따라서 용어 하나에도 상당히 민감한 것이 현실이다. 북한 얘기가 나왔으니 한 가지 궁금한 게 또 생각났다. 현대그룹의 금강산 관광 사업이 남는 장사였다고 보는지 물었다.

“북한 사업은 단기간에 시간을 두고 투자금을 회수하는 사업은 아니었어요. 북한이라는 거대한 개발 가능성을 보고 우리가 선점해 들어가서 관계를 개선하는 사업이었죠. 북한이 나중에 개방되고 나면 발표될 여러 SOC 등을 미리 가서 선점하자는 입장이었습니다. 7대 사업이라고 해서 사업권을 확보해놓기도 했는더……. 당장은 손해를 보지 않고 가는 게 목표겠지만 북한의 개방을 전제로 한 투자였다고 봐야겠죠.”

김주현 원장에게 남은 삶의 믁표나 계획은 무엇인지 물었다. 경제학자답지 않게 남북 문제에 헌신하고 싶다는 답이 돌아왔다. 우리나라에 남은 큰 문제는 이제 남북한 문제라는 것이다. 우리 경제가 전후 개발도상국으로 세계에서 가장 가난한 나라에서 출발해 선진국 문턱까지 왔는데 조금 더 잘사는 것은 이제 국가적 어젠다Agenda가 될 수는 없을 것 같다고 말했다. 우리 후손을 위해 제일 중요한 것은 남북 문제일 거라는 말이다. 힘이 닿는 한 남북한과 관련된 통일 문제에 계속해서 연구를 하고 기여하고 싶다고 말했다.

민간경제연구원의 수장에게서 쉽게 짐작할 수 없었던 포부였다. 현대그룹이 북한 사업을 도맡아 했기 때문일지도 모른다는 생각도 들었다. 어쩌면 그 일은 젊고 패기에 찬 신세대보다는 오랜 경륜과 원숙함을 지닌 존경받는 원로급에서 하는 것이 더 원활할 수 있지 않을까 싶은 생각도 들었다. 그에게는 아직 도전할 과저가 남아 있는 것이다.

Chapter 10

중소기업이 살아야 경제가 산다

_중소기업연구원 김동선 원장

- 고려대 무역학과
- 핀란드 헬싱키대 경영학 석사
- 한국산업기술대 명예경영학 박사
- 특허청, 상공부, 산업자원부 근무
- 대통령실 지식경제비서관
- 제11대 중소기업청장
- 현 숭실대 벤처중소기업학과 교수
- 현 중소기업연구원장

1.
대기업 중심의
고성장 시대는 끝났다

연구원의 수장으로 이번에는 김동선 중소기업연구원장을 만나보자.

국내 경제성장률이 하향 조정되는 등 경기불안이 지속되고 있는 현 경제 상황부터 그에게 물었다.

"당초 생각했던 것보다 상당히 침체가 장기 국면으로 접어들 것 같아서 걱정이 되는데요. 저희가 보기에도 3퍼센트 내외의 저성장 기조로 장기화되지 않을까 우려됩니다."

L자형 장기침체로 가는 것인가?

"우리나라 경제성장률이라는 것이 소비와 투자, 수출 등 이런 변수들이 복합적으로 작용해야 하는데 수출 환경도 선진국의 장기침체 국면 때문에 간단하게 끝날 것 같지 않고요. 국내 소비나 투자도 조기 회복되는 게 힘들지 않나 이런 판단을 하기 때문에 잘못하면 L자형의 장기침체 국면으로 진입하는 게 아닌가 걱정을 하고 있습니다."

그런데 이렇게 우리 내부에서는 걱정의 소리가 높았지만 정작 국제 신용평가사들은 우리의 국가신용등급을 상향 조정했다.

작년 8월, 국제 신용평가사인 무디스가 우리나라 국가 신용등급을 A1 에서 Aa3로 한 단계 상향 조정했다. 이후 한국경제엔 의미 있는 변화가 있었다. 우리나라의 부도 위험을 반영하는 신용부도스와프CDS 프리미 엄이 두 자릿수로 떨어지는 등의 변화가 있었던 것이다.

한국의 CDS 프리미엄은 처음으로 중국의 CDS 프리미엄을 추월하 는 등 수치만 놓고 보면 한국의 부도 위험이 세계 최대 규모의 외환보유 국인 중국보다 낮아지기도 했다.

무디스에 이어 피치도 우리나라 국가신용등급을 한 단계 올렸다. 피 치는 "한국의 국가신용등급을 A+에서 AA-로 한 단계 상향 조정한다" 고 밝혔다. 피치 기준으로 A+인 일본이나 중국보다 우리나라 신용등급 이 더 높아진 것인데, 일본보다 신용등급이 더 높아진 것은 사상 처음이 었다.

국가신용등급이 올라가면 어떤 점이 달라질까? 당장 국내 금융기관 과 기업들의 신용등급도 같이 조정된다. 국제금융시장에서 금융기관과 기업들의 해외 자금조달 비용이 감소한다. 주식과 채권시장에서는 투 자심리를 개선하는 효과가 기대된다. 특히 외국인 투자자들의 원화채 권투자가 확대된다.

나머지 3대 평가사인 S&P도 작년 9월 중순에 우리나라 신용등급을 한 단계 상향 조정했다. 기존 A등급에서 A+ 등급으로 한 단계 상향 조정한 것이다. S&P가 우리나라 신용등급을 조정한 것은 지난 2005년 7월 이후 7년 2개월 만이었다. 신용등급 전망은 '안정적'으로 매겼다.

결과적으로 2012년은 국제 신용평가사들의 우리나라 기업 신용등급 상향 조정 건수가 2005년 이래 가장 많았던 것으로 나타났다. 무디스와 피치, S&P 등 3대 국제 신용평가사의 작년 한국정부를 포함해 우리 기업 신용등급 상향 조정 건수는 53건이었다. 이는 지난 2005년 상향 조정 건수 68건 이래 가장 많았다.

우리나라 기업들의 신용등급 상향 조정 건수는 2007년 43건을 기록했으나 이후 글로벌 금융위기 영향으로 2008년 17건, 2009년 10건까지 하락했다. 2010년 경기회복세에 상향 조정 건수가 44건으로 늘었으나 유럽 재정위기가 터지면서 2011년에는 7건으로 다시 추락했다가 2012년 53건을 기록했던 것이다.

3대 신용평가사 모두 우리 정부의 신용등급을 상향 조정하면서 공기업과 관련 자회사들의 신용등급이 올라간 영향이었다. 이렇게 신용평가사들이 우리를 높게 평가한 이유는 무엇이었다고 보는지 그에게 물었다.

"상대적인 평가라고 생각합니다. 기본적으로 우리나라도 이제 대기업 수출 중심의 단기적인 고성장 시대는 지나가고 3퍼센트 내외의 선진국형 성장률을 보이는 것이 소위 뉴노멀New Normal, 새로운 시대의 정상적인 과정이라는 생각이 듭니다. 결국 그러한 성장률을 지속하는 데에서 가장 중요한 것은 산업의 허리가 되는 벤처기업을 포함한 중소기업의 역할이라고 봅니다."

중소기업청장 출신답게 우리나라가 선진국형 경제성장률로 진입하는 데 중소기업 역할론을 강조한 것이다. 저성장률로 받아들이고 충격을 받기보다 이제 이 정도의 성적표가 정상이라는 것을 인식해야 한다는 것이다. 1970, 1980년대 10퍼센트 넘는 고성장은 우리가 워낙 못살았던 시절의 얘기라는 것이다.

'9988'이라는 것이 회자되고 있다. 99세까지 팔팔하게 살자는 건강론이 아니다. 국내 기업의 99퍼센트가 중소기업이고 근로자의 88퍼센트가 중소기업에서 근무한다는 뜻이다.

사실, 그동안 대기업 위주의 수출 중심 경제로 그 과실이 대부분 대기업에만 집중됐었다. 그와 협력관계에 있는 99퍼센트의 중소·중견기업들에게까지 온기가 퍼지지 못했다. 수많은 청년이 대기업으로 몰리는 원인도 결국 여기에 있었던 것이다.

이로 인한 문제점들은 과연 무엇일까?

"우리나라 중소기업의 고질적인 문제점으로 세 가지를 들 수 있는데, 우선 소상공인과 자영업자군이 지나치게 많습니다. 그들의 영세성을 들 수 있고 두 번째는 대기업의 종속적인 하청계열화돼 있는 수직상하 관계가 50퍼센트에 육박하기 때문에 그것이 또 하나의 문제입니다. 세 번째는 수출보다는 내수에 많이 묶여 있는 내수지향성입니다. 이 세 가지가 중소기업의 고질적인 문제임을 인식하고 그것을 극복하기 위한 정책적인 수단들을 많이 개발해야 장기적인 침체 국면을 탈출하는 데 도움이 되리라 생각합니다."

그렇게 진단하긴 했지만 그런 문제점이 사실 중소기업의 특징이기도

하다. 영세하다 보니 중소기업일 수밖에 없는 것이고, 또 그러다 보니 강
자인 대기업의 눈치를 봐야 하는 것이다. 규모가 커지면 그들은 이미 중
소기업이 아니다.

2.
새로운 성장 모멘텀,
중소기업이 답이다

서민경제의 뇌관인 가계부채 문제와 하우스푸어 등으로 경기침체가 장기화된다면 가장 먼저, 그리고 가장 크게 타격을 받는 사람들이 중소기업을 비롯한 자영업자들이다.

"먼저 장기침체와 소비 위축의 원인을 생각해봐야 하는데, 일단 일자리 문제에 있다고 봅니다. 비정규직이 늘면서 고용 상태가 유지되기 힘들다는 판단이 서기 때문에 미래에 대한 불확실성으로 소비를 많이 못하고 위축되는 국면들이 많습니다. 만약 그런 사태가 진정이 안 되고 지속된다면 가장 큰 위험 요인이 되겠죠. 일자리가 계속 보장되지 않고 창출이 되지 않는다면 결국 소비나 생산도 위축될 것입니다."

중소기업 전문가에게 부동산의 장기침체와 이에 대한 정부의 대책을 물었다. 두루뭉술한 답변이 나올 것이라 짐작했지만 의외로 강력한 주문이 쏟아졌다.

"국내 소비를 진작시키고 경기를 활성화시키는 가장 큰 활력소가 부동산의 경기를 다시 일으키는 것이라고 생각합니다."

중소기업연구원장의 나름대로 고민을 거친 답변일 것이다. 왜 그렇게 생각하는 것일까?

"고용의 문제도 그렇고 경제 활력을 제고하는 측면을 봐서도 그렇습니다. 여러 가지 부수적인 효과가 있기 때문에 지금 상태의 부동산 경기는 상당히 어려운 국면에 있는 것만은 분명합니다. 이것을 좀 더 활성화시키기 위해서 여러 가지 부수적인 조치도 필요하겠죠. 조세라든지 세제개편이 필요하지 않나 생각을 하고 있고, 물론 거기에는 DTI와 관련된 각종 규제의 점진적인 완화도 반드시 검토돼야 한다고 봅니다."

그동안 인터뷰를 진행하면서 부동산과 관련된 정부의 모든 규제는 다 없애고 시장의 자율에 맡겨야 한다고 주장하는 인사도 있었다. 그래야 부동산이 살아나는 것인가? 그렇게 된다면 시장이 혼탁해지고 어지러워지는 것은 아닐까?

"정부 입장에서도 여러 가지 지표를 각종 변수와 함께 고려해야 하기 때문에 재정이나 물가 문제 등 갖가지 부담이 있죠. 종합적으로 고려하되, 어차피 부동산은 과거와 같은 투기나 열풍은 지나간 것으로 생각을 합니다. 소비나 생산 증가를 위해서는 부동산 경기가 활성화되고 규제가 완화되는 방향으로 더 적극적인 조치가 뒤따라야 한다고 봅니다."

정부의 정책은 어떻게 전개되는 것이 바람직할까? 중소기업의 정책을 총괄 지휘했던 당사자로서 어떤 답이 나올지 주목됐다.

"지금 현재 한국 사회가 가장 시급히 풀어야 할 과제는 경제양극화라고 봅니다. 소득의 양극화, 고용의 양극화가 그것입니다. 대기업과 중소기업의 영업이익 등 성장의 양극화 등을 볼 수가 있는데, 공존하면서 같이 성장할 수 있는 사회를 만들어야 한다고 생각합니다. 기업 측면에서 보면 이제 대기업이 홀로 성장하던 시대는 지났지요. 지식경제기반 사회로 진입하면서 더 창의적이고 혁신적인 중소기업, 벤처기업이 축이 되고, 이들이 일자리 창출의 주역이 돼야 한다고 봅니다. 그래서 더 많은 강소기업과 중견기업군을 육성하고 지원하는 것이 경제의 활로를 찾는 데 중요한 일이 되지 않을까 싶습니다."

새로운 성장 모멘텀은 대기업의 문제를 들여다보면서 풀 것이 아니라 중소·중견기업, 그리고 우리 주변에서 서민들과 함께 호흡하는 자영업에서 찾아야 한다는 얘기다. 동네 치킨집이나 피자가게, 이미용 업소 등 우리 주변의 이웃들이 장사가 잘도고 활짝 웃는 시대가 열려야 새로운 성장의 원동력이 될 수 있다는 것이다. 대기업 일감을 맡아 자그마한 부품을 납품하면서 생존하는 수많은 중소제조 업체가 활짝 웃어야 새로운 성장의 동력이 된다는 것이다.

삼성전자나 현대자동차 등 세계적인 글로벌기업의 역할도 물론 중요하다. 그러나 이제는 그들에게만 기댈 것이 아니라 그와 협력관계에 있는 수많은 이름 없는 중소기업이 성장해서 더불어 잘사는 세상이 와야 한다는 것이다.

만일 그렇게 진행되지 못한다면 어떤 일이 벌어질까?

"우리나라도 경제 양극화 문저가 심각하지만, 이것은 선진국들도 다

공통적으로 안고 있는 문제입니다. 최근 중국을 다녀왔습니다만, 중국 역시 장기적으로 성장을 유지하기 위해서는 경제 양극화 문제 해소를 정책 어젠다의 최우선 순위에 두고 있음을 볼 수 있었습니다. 그래서 이 문제는 우리가 좀 더 심각하게 고민해야 할 사안입니다."

김동선 원장도 경제민주화를 이뤄내야 한다는 것을 주장하는 것인가?

"수익이 집중되고 성장 잘하는 곳을 밑으로 끌어내려서 균형을 찾자는 것이 아닙니다. 밑에 있는 것을 끌어올려 경쟁력을 높이고 그 간극을 좁히는 것이 바람직하다는 말입니다."

양극화를 푼다고 잘나가는 대기업의 손발을 묶어서 중소기업과 격차를 줄이는 것이 아니라 중소기업이 더 분발할 수 있도록 정책적 배려가 있어야 한다는 것이다.

이제 본격적으로 물었다. 경제민주화에 대해서는 어떻게 생각하는지 말이다.

"물론 정치적인 고려가 있었겠죠. 선거 시즌이 되다 보니 말입니다. 그런데 바람직하지 않은 방향으로 경제민주화가 논의되고 있어서 걱정스럽습니다. 일부에서 경제민주화는 재벌의 해체나 재벌문화의 개혁, 재벌구조의 개혁에 초점을 맞춰 논의를 몰고 가고 있어서 걱정이 됩니다. 제 입장에서는 앞서 언급했지만 재벌 등 대기업과 중소기업의 격차를 줄이기 위해서 중소기업들을 더욱 활성화시키고, 경쟁력을 지원할 수 있도록 도와주고, 그 방향에 지원을 강화하고, 대기업은 대기업대로 협력관계에 있는 중소기업을 도와줄 수 있는 기업문화를 정착시키는 것에 정책의 중심이 있어야 한다고 봅니다."

잘나가는 기업의 발목을 잡는 양상으로 전개되고 있는 경제민주화 논의는 걱정스럽다는 반응이었다. 억지로 대기업의 팔목을 비틀어 중소기업에 이익을 더 나눠주는 것에도 회의적이었다. 중소기업을 도와줄 수 있는 기업문화가 정착되어야 한다고 했다. 물론 대기업의 자발적 동참이 필요한 대목이다.

3.
동반성장은
시대의 과제다

경제정책의 방향은 어떻게 가는 것이 올바른지에 대해 물었다.

"대기업에 분명 여러 문제가 있습니다. 하지만 대기업들이 우리나라 경제성장에 미치는 부작용이 최소화될 수 있도록 점진적인 개혁이 뒤따라야 한다고 봅니다. 대기업이나 재벌의 개혁을 할 때는 개혁주체가 사실 중소기업이 됐든 정부가 됐든 외부 세력이 아니고 재벌 스스로 오너의 인식 변화, 기업문화의 변화가 우선돼야 한다고 봅니다. 물론 외부에 있는 제삼자의 입장에서 보면 상당히 진전이 더디고 답답할 때도 있겠지만 지속적인 기업문화의 변화를 위해서 노력을 해야 하지 않나 싶습니다."

급진적인 것에는 무리가 뒤따른다고 보는 것이다. 갑자기 모든 것을 다 바꿔버릴 수 없을 것이다. 기업들이 가장 두려워하는 것이 불확실성이다.

불공정과 불합리, 불균형 등 중소기업의 3불 문제는 어떻게 풀어야 하는지 물었다. 사실, 이 문제를 푸는 것이 대기업과 중소기업의 동반성장을 위한 해법이 될 것이다. 대기업도 자신들을 향하는 외부의 따가운 시선에서 자유로울 수 있는 길을 중소기업의 동반성장에서 찾아야 할 것이다. 이것을 풀어낸다면 모든 문제가 풀리는 셈이다.

"3불 문제, 불공정과 불합리, 불균형의 시정이 가장 시급한 과제라고 생각합니다. 특히 대기업과 중소기업 간의 수직적인 거래관계라고 하는 하청관계 개선이 시급한 과제입니다. 여러 가지 불공정 거래 관행이 많은 노력을 통해서 시정됐지만 앞으로도 그러한 노력은 계속돼야 합니다. 앞으로 우리가 좀 더 관심을 두고 노력해서 이뤄내야 할 부분은 대기업과 중소기업 간의 수평적인 관계입니다."

사실 많은 대기업이 계열사를 만들어서 기존 중소기업들의 일거리를 앗아갔다. 그 계열사에 일감을 몰아주고 자녀들에 대한 편법 상속의 수단으로 삼고 있기도 하다. 이런 것들은 반드시 해결돼야 할 문제라고 지적한 것이다.

빵집 문제로 국한해서 사태의 심각성을 논해보자. 작년 초 서울 홍대 앞 한 제과점이 문을 닫았다.

'30여 년간 사랑해주신 고객께 감사의 말씀 올립니다. 부득이한 사정으로 1월 31일을 마지막으로 폐점하게 됐습니다.'

서울 마포구 홍익대 앞 명물로 불리던 제과점이었다. 전국에 수천 개씩 점포수를 늘려가며 몸집을 키우는 파리바게트나 뚜레쥬르 같은 대기업 프랜차이즈 빵집들과 달리 홍대 앞과 성산동, 이화여대에만 직영점 세 곳을 운영한 고집 있는 빵집이었다. 프랜차이즈 빵집이 비집고 들어와 영세한 주변 빵집들이 줄줄이 문을 닫는 와중에도 꿋꿋이 버텼다. 하지만 이름난 중견 빵집도 결국 자본의 공세에 무너지고 말았다. 건물 주인이 임대료 인상을 명목으로 나가달라고 한 게 결정적인 폐점 이유였다. 이곳에는 대기업 계열의 커피전문점이 입점했다. 비록 임대료가 결정적인 이유가 됐지만 특색 있고 고유한 동네 빵집이 사라졌다는 점에서 아쉬움이 많이 남았던 사건이기도 했다.

이런 상태가 지속된다면 얼마 뒤 동네 빵집은 모두 사라지고 말 것이다. 그래서 등장한 것이 동반성장위원회에서 마련한 이른바 중소기업 적합업종제도다. 지정된 업종에는 대기업들이 들어오지 말라는 것이다. 아예 법으로 정해서 추진하자는 움직임도 일고 있다. 대 · 중소기업 간 합의를 통해 동반성장위원회에서 추진 중인 중소기업 적합업종 지정제도의 법제화를 추진하려는 것이다. 이 문제가 어떻게 전개될지는 좀 더 지켜봐야겠다.

이 같은 3불 문제와 함께 3부족, 즉 자금과 기술과 인력 부족도 중소기업이 안고 있는 문제 가운데 하나다. 경기가 어려우면 은행들은 중소기업의 돈줄을 죄기 시작한다. 비 올 때 우산을 빼앗는 것이 은행들의 행태다.

"최근 소상공인과 영세자영업자의 자금 사정이 상당히 악화되고 있는 게 지표로 나타나고 있습니다. 물론 금융권에서 중소기업대출이나 서민금융을 많이 고려하고 있지만, 그럼에도 불구하고 좀 더 적극적으로 보증제도 등을 확충해서 서민금융에 문제가 없도록 개선하는 것이 시급하다고 봅니다."

당시 애플과 삼성전자와의 특허전쟁이 벌어지고 있었다. 중소기업은 특허 문제에서 특히 취약하다.

"지식기반의 사회가 되고 기술이 경쟁력을 좌우하는 시대이기 때문에 정부가 중소기업들에게 더 많은 기술개발 여건을 지원하고 거기에서 얻어지는 독특한 기술에 대한 소유권을 중소기업이 잘 관리하도록 지도하는 게 앞으로 상당히 중요하다고 생각합니다. 더 이상 교역이나 투자에 벽이 없기 때문에 전 세계적으로 보호가 일반화돼야 하는 것이죠. 특허제도나 지적재산권의 보호제도와 관련해 시간도 오래 걸리고 보호받는 데 절차도 복잡하기 때문에 중소기업들을 위한 기술보호임치제도라는 것이 실시되고 있습니다."

대·중소기업 간 동반성장의 문화 확산에 힘입어 총 기술임치 건수가 도입 4년 만인 작년 말 3,500여 건을 기록했다.

기술임치제도는 대기업과 협력 중소기업이 일정한 조건으로 합의한 후 핵심 기술자료를 신뢰성 있는 기관에 보관해두고 중소기업의 폐업이나 파산, 기술 멸실 등이 발생하면 임치물을 교부해 활용하는 제도다. 이 제도를 활용하면 중소기업은 특허를 출원하지 않은 영업비밀을 안전하게 보관할 수 있고, 해당 기술이 유출됐을 때 개발 사실을 법적으로 입증할 수 있다.

"영업비밀이나 기술자료를 손쉽게 보관하도록 하고 또 분쟁이 났을 때 증거 능력을 활용할 수 있도록 하는 제도입니다. 앞으로 기술과 관련해 자기 기술을 보호하는 데만 노력을 기울일 것이 아니라 기술을 활용할 줄도 알아야 한다고 생각합니다. 자기가 갖고 있는 기술과 그렇지 않은 기술과의 기업 간 전략적 제휴라든지 기술 전수 등을 통해 중소기업들이 더 잘 활용할 수 있도록 여러 교육이나 지원 시스템을 강화해야 할 것입니다."

중소기업청에 따르면 산업기술 유출 한 건당 기업의 평균 피해 금액은 17억 원에 달한다고 한다. 중소기업에게는 사활이 걸린 문제이기도 하다.

그렇다면 이 시점에서 우리나라 중소기업들의 역량 강화를 위해 가장 중요한 것은 무엇일까?

"두 가지를 꼽을 수 있는데, 첫째는 중소기업이 대기업에 종속되는 것이 아니고 독자적인 자기만의 기술을 갖고 있어야 된다는 점입니다. 즉, 기술개발을 꼽을 수 있고요. 두 번째 과제는 국내에 안주할 것이 아니고 해외로 진출할 수 있도록 빨리 수출 사업화와 국제화하는 것이라고 생각합니다."

4.
제2의 스티브 잡스를
기대한다

중소기업 연구원이 올해 개원 20년을 맞았다. 당시 갓 취임했던 김동선 원장의 어깨도 무거웠다.

중소기업연구원장으로서의 계획과 포부를 들어봤다.

"중소기업연구원이 문을 연 지 20년 됐지만 지금에야 우리나라 유일한 중소기업 전문연구원으로 지정됐습니다. 2012년 초 지정돼서 중소기업과 관련된 다양한 연구를 하고 있습니다. 앞으로 더 적극적이고 선제적으로 중소기업 이슈를 발굴해서 좋은 정책설계를 할 수 있도록 지원해주는 것이 저희 본연의 임두이자 업무라고 생각합니다. 두 번째는 더 많은 중소기업 전문가를 영입해서 협력연구나 공동연구의 체제를 활성화하고, 외부 다른 연구기관이나 더 나아가 외국 중소기업과 관련된 연구기관과의 네트워크를 더 확충하는 게 상당히 시급하다고 보고 있습니다. 마지막으로 우리가 하고 싶은 연구를 마음껏 하기 위해서는 기금의 확충, 재정적으로 독립적인 기금의 확충이 필요하다고 보고 있습니다.”

그는 중소기업청장에서 물러난 뒤 대학 강단에도 서고 있었다. 젊은 학생들을 만나면 어떤 얘기를 들려주는지도 궁금했다.

“역사상 유례없는 취업난으로 대학생들이 고생하는 것을 보니 안쓰럽다는 생각이 듭니다. 그런데 또 한편으로 대학생이나 청년들이 너무 세상에 안주하려는 경향이 있는 것 같아 아쉬운 점도 느낍니다. 모든 학생이 대기업에 취직해서 편하게 근무하는 것을 꿈으로 삼고 있어요. 저는 조그만 창고에서 창의적이고 혁신적인 아이디어를 갖고 사업을 시작해서 세상을 변화시켰던 스티브 잡스를 얘기하곤 합니다.”

개혁적인 정신을 갖고 있는 젊은이가 많이 나와줘야 한다는 당부였다. 우리나라에서 스티브 잡스 같은 혁신적인 기업가가 나오지 말란 법은 없다. 그런 사례들을 벤치마킹해서 좋은 기술이나 아이디어가 있다면 그것을 기반 삼아 자기의 꿈을 실현해 나아가는 젊은이들이 많이 나왔으면 좋겠다는 바람이었다.

그래서 물었다. 우리 젊은이들이 중소기업을 외면하는 것에 대해서도 할 말이 많을 것이다.

“저는 대기업이 국가성장을 이끌고 일자리를 만드는 시대는 이미 지나갔다고 보고 있습니다. 작은 기업이지만 미래에 성장 가능성이 많은 기업들에 적극적으로 참여해서 젊은이들이 자기능력을 발휘할 때 본인의 꿈도 실현할 수 있는 기회가 좀 더 보장된다고 봅니다. 자기가 창업을 하든지, 아니면 좋은 중소기업에 뛰어들어야 합니다. 기술력을 갖추고 있는 우수 중소기업들이 주위에 많이 있습니다. 당장 대기업과 비교해서 초라하게 느낄지는 몰라도 미래의 성장 가능성이 있는 기업들을 찾아서 거기서 일을 하는 게 더 옳지 않은가 생각합니다."

체계화돼 있고 시스템화돼 있는 대기업보다는 더 가능성이 큰 중소기업을 찾으라는 그의 충고가 대기업이나 공기업, 공무원을 바라보고 있는 젊은이들에게 충분히 전달됐기를 기대해본다.

그에게 삶의 모토가 무엇인지 물었다.

"난득호도難得糊塗라는 말을 항상 생각하고 있습니다. 총명하기는 힘들지만 멍청하기는 더 힘들다. 총명함을 거쳐서 멍청하게 되기는 더 힘들다는 말입니다. 앞으로 살아가는 데에서 좀 더 겸손해지고, 자신의 말만 하는 게 아니라 다른 사람 말을 경청하고, 다른 사람들의 장점을 배우면서 사는, 즉 남을 배려하는 삶을 살고 싶습니다."

난득호도. 중국 사회에 널리 퍼져서 중국인들이 좌우명으로 삼는 말이다. 총명하기도 어렵고 멍청해지기도 어렵다. 총명함에서 멍청해지기란 더욱 어렵다. 하나를 놓고 한 발 물러서면 반드시 편안할 것이니 도모하지 않아도 뒷날 복된 응보가 있을 것이라는 의미다.

어려움에 처해 있는 중소기업들의 하소연을 많이 들어주는 중소기업 연구원장이 되기를 기대해본다.

뚝심 있는 자유시장주의자

_ 한국경제연구원 송원근 공공정책실장

- 연세대 경제학과
- 미 뉴욕주립대 석사
- 미 일리노이대 박사
- 한국경제연구원 공공정책연구실장
- 보건복지부 국민연금기금 실무평가위원회 위원
- (사)FTA 활용포럼 이사
- 한국국제통상학회 감사
- 정보통신정책학회 이사
- 연세대/한국외국어대/건국대/동국대/인천대/경희대 강사

1.
경제민주화라는 개념은
없다

한국경제연구원 송원근 실장을 만나 새 정부에 들어 윤곽을 드러내고 있는 각종 정부정책에 대해 견해를 들어보기로 했다. 한국경제연구원은 1981년에 설립된 민간 정책연구기관이다. 자유시장경제 이념을 바탕으로 한국경제의 발전과 기업하기 좋은 제도적 환경 조성을 위한 정책 과제를 종합적으로 연구하는 기관을 기치로 내걸고 있다.

우선 최근 이슈가 되고 있는 서울시 대형마트의 일부 신선식품 등 판매 제한정책에 대해 물었다. 담배와 소주, 맥주, 막걸리 등 골목상권에서 잘 팔리는 기호식품 4종을 포함해 두부, 콩나물, 양파 등 채소 17종, 신선·조리식품 9종, 수산물 7종, 정육 5종, 건어물 8종, 기타 1종이 대상이다. 이 발표가 나오자 당장 업계에서는 대부분 고객 유입 효과가 높은 신선식품인데 매출 비중이 높은 주요 품목을 팔지 못하게 하면 어떻게 장사를 하라는 말이냐 하며 분통을 터뜨리고 있는 상황이다. 업계뿐만 아니라 소비자들의 불만도 크다.

자유시장경제를 지향하는 연구원답게 비판이 쏟아졌다.

"51개 품목에 대해 대형마트와 기업형 슈퍼마켓에서 팔지 못하게 하고 골목상권이나 재래시장에서만 팔라고 하는 얘기인데요, 일단 발상부터 잘 이해가 가지 않습니다. 소비자 입장을 전혀 고려하지 않은 정책으로 보입니다. 이런 품목 외에도 다른 품목은 대형마트에서 사고 나머지는 재래시장에서 사라는 얘기인데요, 소비자 입장에서는 자신의 선택권을 제한받는 문제가 생깁니다. 소비자들이 식품의 질이나 건강 문제 등을 생각해볼 때 이것은 정답이 아니라고 생각합니다."

선택권의 제한……. 그렇다. 정책을 시도하는 데 가장 우선적으로 고려해야 할 소비자, 즉 국민들의 선택권이 제한된다는 사실을 서울시에서는 애써 외면하고 있는 것은 아닐까?

"재래시장이나 골목상권을 보호하기 위해서, 보호를 통해서 여러 가지 정책을 펼치고 마트나 SSM에서 뭐를 하지 마라 하는 정책 자체가 결과적으로 골목상권이나 재래시장을 보호하는 것이 아니라고 봅니다. 골목상권이나 재래시장을 보호하기 위해서는 보호보다는 경쟁력을 높이기 위한 여러 방안이나 제도적 기반이 마련되어야 한다고 봅니다. 한쪽을 규제한다고 해서 나머지 다른 쪽으로 쏠릴 것이라고는 생각되지 않거든요."

즉, 대형마트나 기업형 슈퍼마켓에서 특정 품목을 팔지 못하게 한다고 해서 재래시장이나 골목상권으로 사람들이 쏠린다고 생각하지 않는다는 것이다. 오히려 반발심을 불러일으켜 소비자 집단불매운동도 일어날 수 있다는 점을 놓치고 있다는 지적이다.

"일단 소비자 입장에서 볼 때 굉장히 부정적인 정책입니다. 그리고 서민을 위한 정책도 아니라고 보입니다. 서민을 위한다고 한다면 대형마트가 대량으로 구매해서 파는 것이기 때문에 품질에 비해 가격이 저렴한데 그 부분을 무시하는 거죠. 좋은 품질의 제품들을 저렴한 가격에 구입하지 못하게 되는 현상이 나타날 수 있어서 서민물가에도 부정적인 영향을 미치지 않을까 생각됩니다."

가정주부들은 100원 차이도 꼼꼼히 따져보며 물건을 고른다. 재래시장에서는 이것이 가능할지 의문이라는 것이다.

지난 대선 기간, 우리 사회의 주요 화두 가운데 하나가 이른바 경제민주화였다. 사실, 송원근 실장은 경제민주화와 관련해 비교적 가장 많은 연구를 한 경제학자이기도 하다. 최근 논문까지 냈을 정도다. 대외적으로 경제민주화에 대해 강하게 비판하면서 반대 진영으로부터 비난의 화살이 쏟아지기도 했다.

경제민주화 전문가에게 경제민주화가 무엇인지 그 개념의 정의부터 내려달라고 부탁했다.

"이것은 사실 경제학적인 개념은 아닙니다. 경제학에는 경제민주화라는 개념은 없습니다. '경제민주주의다'라고 하면 소비자민주주의를 생각합니다. 시장경제라는 것이 기본적으로 소비자민주주의인데요, 소비자에게서 인정을 받지 않으면 살아남을 수 없기 때문에 소비자들이 물건을 산다는 것은 일종의 투표를 하는 행위라고 볼 수 있거든요. 그것을 통해 시장에서 살아남을 수 있도록 낮은 가격에 좋은 품질을 내는 혁신의 방향으로 기업이나 생산자가 하게 되는 겁니다. 이것이 경제민주주의라고 볼 수 있습니다. 지금 말하는 경제민주화라는 개념 자체는 사실 모든 경제적인 의사결정에, 해당 당사자가 다 참여해야 된다는 얘기입니다. 예를 들어 기업에서 의사결정을 한다고 하면 기업의 경영진뿐만 아니라 노조도 참여해야 한다고 보는 것이죠. 이것을 계급적으로 본다면 자본가와 노동자 계급이 있다고 했을 때 국가경제의 의사결정, 즉 경제정책에서도 노동자계급이 거기에 의사표시를 하고 의사결정에 참여해야 된다고 보는 겁니다."

송원근 실장은 최근 한 학술대회에서 〈경제민주화정책 평가와 전망〉이라는 논문을 통해 '최근 논의되는 경제민주화는 모두 재벌과 대기업 집단의 행위에 대한 규제와 제한을 위한 것'이라며 '혁신을 제약하는 반反성장정책'이라고 정의를 내렸다. 송원근 실장은 이 논문에서 '경제민주화정책으로 거론되는 기업 소유 지배 구조에 대한 규제, 경제적 약자 보호를 명분으로 한 대기업 진입 제한정책, 공정거래를 위한 제재 강화, 그리고 금산金産 분리정책은 모두 경제 전반의 역동성과 창의성을 감소시킬 것'이라며 '결론적으로 경제민주화는 민간 기업에 대한 정부의 개입 명분으로 이용되고, 경제 전반에 걸쳐 관료적 관리가 적용되며 개인의 일상생활까지 옥죄는 경우가 나타날 수 있다'고 밝혔다. 심지어 좀비기업 양산 등 다소 격한 표현까지 등장할 정도였다.

아직도 그 소신에는 변함이 없는지 궁금했다.

"경제민주화를 주장하는 측은 재벌의 경제력 집중은 높아지는 반면

양극화가 심화되서 중소기업과 소상공인은 더 어려워지고 있다고 말하지만, 대기업 규제를 강화하고 반대로 중소기업을 보호 및 지원한다고 해서 중소기업의 경쟁력이 높아지고 성장하는 것은 아닙니다."

송원근 실장의 이런 소신 발언을 두고 재계가 박근혜 정부의 경제민주화를 정면으로 반박하고 나선 것 아니냐는 의혹의 시선이 일기도 했다. 경제민주화가 대선 기간에 강하게 대두되었다가 새 정부 인수위원회에서 발표한 국정지표에 경제민주화라는 단어조차 사라지면서 경제 정책에 대한 일대 변화가 생긴 것이 아니냐는 추측이 돌기도 했다.

그러나 며칠 뒤 박근혜 대통령의 취임사에 다시 경제민주화가 등장했다. 송원근 실장의 경제민주화에 대한 견해를 계속 들어봤다.

"경제민주화라는 게 예전에 수정 맑스주의자들로부터 나온 개념입니다. 최근 우리나라에서 얘기하는 경제민주화는 경제적 불균형에 시정이라는 형태로 나오는 것 같습니다. 대기업과 중소기업 간의 불균형을 시정하자는 거죠. 자본가나 노동자라는 개념보다는 주로 대기업과 중소기업, 그리고 대기업과 중소상공인 사이를 대립관계로 보고 있는 것이죠. 힘의 균형을 맞춰야 된다는 것인데, 그러기 위해서 대기업이나 소위 경제적 파워가 있는 집단에 대해 규제를 하고 조정을 해야 한다, 이것이 경제민주화로 나타나고 있는 것 같습니다."

그의 진단이 맞다면 한국경제연구원 입장에서 보면 달갑지 않은 주제인 것만은 확실해 보인다. 경제적 파워가 있는 집단에 속해 있는 싱크탱크이기 때문에 그런 시각에서 자유로울 수 없는 것은 확실하다.

2. 경제민주화 대 창조경제

글로벌 금융위기 이후 월가 자본가들의 부도덕한 행태가 비난을 받았다. 회사는 망해 정부로부터 지원을 받는 상황에서 일부 자본가들은 엄청난 보너스를 챙기며 뒤에서 웃고 있었다. 자본가의 탐욕이라는 지적도 여기서 발생했다. 경제민주화가 이러한 자본가들의 탐욕, 자본주의의 탐욕을 견제해주는 역할을 할 수 있지 않을까 물었다.

"거대자본 집단이라고 얘기하는 것이 국내와 선진국이 많이 다릅니다. 선진국 같은 경우 금융자본에 대해서 그렇게 지적하고, 국내는 재벌에 대해서 얘기를 하지요. 사실, 글로벌 금융위기를 일으킨 주범은 제가 보기에 금융자본이라기보다는 금융정책, 통화정책입니다. 정책에서 항상 모든 문제가 발생한다고 봐요. 정책의 실패가 결국 금융위기를 가져온다고 보는데, 탐욕이라는 것은 항상 존재해왔고 탐욕을 억제한다고 해서 억제가 되는 것도 아닙니다. 탐욕을 억제한다고 해서 정책 효과가 나타나는 것도 아니라고 보는 거죠."

글로벌 금융위기는 미국 서브프라임 모기지 문제부터 시작됐다. 서브프라임 모기지가 시작되고 파생 상품에 문제가 생긴 것은 과도한 유동성의 공급으로 신용도가 낮은 사람들도 결과적으로 쉽게 집을 살 수 있게 된 데서 발생했다. 이러한 주택정책과 통화정책이 맞물려 서브프라임 모기지라는 커다란 문제를 만들었고, 결국 주택 가격 하락으로 부실화된 것이 서브프라임 모기지 사태다.

"서브프라임 모기지를 갖고 다양한 파생 상품을 만들어서 시장을 크게 만든 여기서 탐욕이라는 얘기를 할 수가 있는데, 탐욕이라는 것은 제도에서 파생된 것입니다. 제도를 이용해서 나타난 것이지, 탐욕 자체가 문제는 아니라는 거죠. 우리나라 재벌 얘기는 조금 다른 것 같아요. 재벌은 문제를 일으켰다기보다는 너무 잘나간다고 사람들이 생각하는 것 같아요. 중소기업이나 서민들은 지지부진한데 재벌들만 잘나간다는 게 문제라고 보는 거죠. 그런데 외환위기 이전과 이후를 비교해보면 인식이 조금 달라진 것 같습니다. 외환위기 이후 우리나라 대기업들이 세계시장에서의 수출경쟁력과 국제경쟁력을 높여가면서 예전 같은 부실도 없어지고 수익성과 성장성이 높아지면서 글로벌기업이 됐다는 거죠. 이것은 누구를 짓눌러서 된 것이 아니라 경쟁력을 높여서 된 것인데 격차가 난다고 해서 그것을 줄이라고 하는 것이 경제민주화라고 한다면, 문제가 있다고 보는 겁니다."

공부 잘하는 학생과 못하는 학생의 성적 차이를 좁히겠다고 공부 잘

하는 학생에게 공부할 시간을 빼앗는 것이 올바른 것인가?

"이것이 궁극적으로 중소기업을 보호하게 되느냐? 이것도 사실 의문입니다. 물론 불공정거래 등 올바른 정책들도 있긴 합니다만, 대기업이나 재벌을 좀 더 옥죄자는 방향으로 나아가는 것은 문제가 된다고 봅니다. 왜 문제가 되냐면 이것은 대기업이나 재벌만의 문제가 아니라 기업이 잘나간다, 기업의 경쟁력이 높아진다 하면 사실 처벌을 하는 방식이 될 수가 있거든요."

잘하는 기업, 잘나가는 기업의 발목을 잡는 것은 안 된다는 점을 강조했다. 경제민주화라는 단어에 우리 대기업들이 갖는 복잡한 심정을 그대로 드러낸 것으로 보였다. 대놓고 경제민주화에 반대하면 다시 한 번 우리 사회에 반기업 정서가 불지도 모른다. 해당 기업들은 곤욕을 치르게 될 것이다. 네티즌을 중심으로 안티운동이라도 일어난다면 기업으로서는 기업 이미지의 엄청난 추락을 감내해야 할 것이다. 그렇다고 쌍수를 들고 환영할 수도 없는 것이 경제민주화라는 '바람'이다. 계산이 복잡해질 수 밖에 없는 것이다. 송원근 실장이 나서서 기업이 하고 싶은 말을 속 시원히 하고 있는 것인지도 모른다.

중소기업을 배려한다고, 골목상권이나 재래시장을 위한다고 하는 갖가지 정책들이 과연 진짜 그들을 위한 정책일까?

"만약 그런 식으로 정책이 펼쳐진다면 기업이 혁신을 하고 조금 더 경쟁력을 높이려는 유인은 줄어들 수 있고 제약이 될 수 있습니다. 우리 경제의 새로운 화두로 창조경제가 제시되고 있는데, 생산요소를 투입해서 성장을 하는 단계는 지났다고 봅니다. 추격형 경제가 아니라 선도형 경제라는 것인데, 혁신을 통해서 생산성을 높여야만 성장을 할 수 있다는 거죠. 혁신을 통해 생산성을 높이는 데 가장 중요한 것은 역시 기업의 혁신요인인데, 경제민주화정책 자체가 기업의 혁신요인을 제약할 수 있다는 것이, 우리 경제의 지속적인 성장에도 부정적일 수 있다는 것이 제가 걱정하는 점입니다."

3.
부동산과 가계부채 등
대내 요인이 관건

올해 우리나라 성장률은 어떨지 궁금했다. 한국경제연구원이 올해 경제성장률을 2.9퍼센트로 전망하고 있다.

"상저하고로 전망합니다. 우리나라는 대외경제 의존도가 굉장히 높기 때문에 글로벌경제의 향방이 어떻게 되느냐가 상당히 중요한데, 미국경제도 좋아지고 있고 유럽도 재정위기가 작년처럼 나쁘지는 않습니다. 유럽도 좋아지고 있는데, 그래서 작년보다 분위기는 나을 것이라고 예상됩니다. 다만, 변수가 되는 것은 엔저 문제입니다. 엔저로 인해 우리나라 수출경쟁력이 약화될 것을 우려하고 있구요. 그래서 분위기가 좋지 않은 것도 사실입니다. 그러나 아베노믹스라고 해서 아무리 엔저 기조를 유지한다고 해도 한계가 있는 것이고 언젠가 엔화가치가 반등할 거라고 봅니다. 세계경제 자체가 작년보다는 아무래도 성장속도가 나지 않을까 보고 있는데요. 그런 의미에서 하반기에는 좋아질 것이라고 보고 있습니다. 다만, 국내경제가 성장의 발목을 잡고 있는 부분이 많습니다. 아시다시피 부동산 경기가 많이 침체돼 있고 가계부채 문제도 그렇습니다. 특히 우리나라의 경우 건설업이 전체 성장률에 기여하는 부분이 꽤 큰데, 부동산 경기가 나쁘다 보니깐 건설업도 좋지 않은 편입니다. 전반적으로 대외 여건보다는 국내적 요인이 더 문제인 듯싶습니다. 분위기가 좋지 않은데요. 그렇더라도 대외적으로 글로벌경제가 성장속도를 다시 낸다면 우리 경제도 좋아지지 않을까 그렇게 기대하고 있습니다. 지금 상황에서 성장률을 어떻게 전망하느냐는 큰 의미는 없는 것 같습니다. 4퍼센트 이하로 전망하는 것이 맞다고 봅니다. 중반기를 지나 하반기로 가다 보면 글로벌이코노미가 어떻게 풀리느냐에 따라 상당 부분 달라질 것이라고 봅니다."

글로벌 금융위기로 치닫게 했던 유로존의 상황은 호전됐을까?

유로존 각국이 재정적자 폭을 줄이기 위해 저마다 긴축재정으로 허리띠를 졸라맨 상황이다. 그러나 최근 4분기 연속 경기침체 국면을 벗어나지 못한 것으로 나타나자 각국의 긴축 일변도 경제정책에 대한 회의론이 고개를 들고 있다. 미국의 〈월스트리트저널WSJ〉은 지난 2월, 유로존 국가 내 기업 활동의 위축이 가속화됐다며 각국 정부가 긴축정책을 조정해야 한다는 목소리가 커지고 있다고 전했다. 시장조사 업체 마르키트는 유로존의 복합 구매 관리자지수PMI가 지난 1월 48.6에서 2월 47.9로 떨어졌다고 밝혔다. 제조업과 서비스업 경기를 나타내는 PMI는 50을 기점으로 경기 회복과 침체 국면이 규정된다. 50 이하는 경기가 위축되고 있다는 의미다. 이에 따라 현지 전문가들은 유로존이 올해 말까지도 성장 국면으로 접어들지 못할 수도 있다는 조심스런 전망을 내놓고 있다. 최근 발표된 유로존 1월 실업률은 1995년 이후 사상 최고 치인 11.9퍼센트를 기록했다.

재정적자와 무역적자, 즉 쌍둥이 적자에 시달리고 있는 미국은 상황 이 좀 나아지고 있는가? 결론부터 말하자건 그렇지 못하다.

미 연방예산 자동삭감 조치인 시퀘스터가 지난 3월 1일자로 발동되 면서 미국도 살림살이가 팍팍해지기 시작했다. 당장 올해부터 10년 동 안 1조 2,000억 달러의 예산을 줄여야 한다. 지난 2011년에 도입된 예 산통제법에 따른 것이다. 이 때문에 올해 미국경제는 당초 예상보다 0.6 퍼센트 낮은 성장률에 머물고 세계경제에도 적잖은 충격을 줄 것으로 보인다. 국가부채한도의 재조정도 이뤄져야 한다. 지난 2월에 이미 한도 를 넘어 재조정이 시급한 실정인데, 현재 미국의 국가부채한도는 2011 년 증액한 16조 3,940억 달러다. 지난해 갈까지 이 금액을 다시 증액해 야 함에도 민주와 공화, 양당 간의 이견으로 증액하지 못하고 오는 5월 에 다시 조정하기로 한 상태다. 2011년 한도증액 문제로 국가신용등급 이 강등된 뼈아픈 전례가 있다. 한마디로 씀씀이는 줄이는 대신 마이너 스 대출의 한도를 늘리자는 것이다. 당장 성장률이 유지되겠지만 중장 기적으로는 재정건전성이 악화돼 성장률이 떨어질 수밖에 없다.

상저하고, 상반기에는 저성장하겠지만 하반기에는 성장률이 높아질 것이라는 전망이다. 상반기에 부진한 성장률을 끌어올리기 위해 재정 집행도 상반기에 앞당기기로 했다. 과연 어느 정도 효과가 있을지는 두고 볼 일이다.

가계부채가 1,000조 원에 육박하고 있다. 국민행복기금을 조성해서 이 문제를 풀겠다는 윤곽이 드러났다. 일각에서는 여전히 개인 빚을 국가재정을 통해 해결하는 것에 반대의 목소리를 높이고 있다.

"가계부채 규모가 크고 가계부채 증가 속도도 빠른 것이 사실입니다. 그런데 우리의 가계부채를 찬찬히 들여다보면 과연 이것이 그렇게 악성인가에는 의문이 듭니다. 일본의 부동산 거품 붕괴나 미국의 서브프라임 모기지처럼 그 정도로 부채 문제가 심각한가를 봤을 때, 저는 그렇지 않다고 보는 거죠. 우리나라 가계부채의 신용도 등 내용을 보면 결코 악성은 아니라고 봅니다. 그런 상황에서 과연 이런 정책이 필요할까 하는 생각이 듭니다. 개인파산제도라는 것이 있고 개인파산을 통해 회생을 하는 제도도 있거든요. 사실, 이 회생제도는 파격적인 제도입니다. 채권을 매입해준다는 거고, 금융기관 채권뿐만 아니라 비제도권인 대부업체 채권도 매입해준다는 것인데요. 6개월 이상 연체한 경우 원금의 50~70퍼센트를 탕감해주고 나머지는 장기상환해준다는 것인데, 이들의 부채가 우리나라 금융시장을 심각하게 위협할 정도라고 볼 수 없다는 거죠. 그런 정책은 극단적인 위기 상황에서 구제금융정책으로 쓸 수 있다고 보는데, 지금 그런 절박한 상황인가에는 의구심이 있습니다."

포퓰리즘적인 정책이라고 보는 것인지 물었다. 역시 그렇다는 답이 돌아왔다. 개인의 문제에 대해서 정부재정을 쓰는 것 자체에 원칙적으로 반대한다고 했다. 시장을 중시하는 경제학자다운 대답이었다.

"다만, 걱정되는 부분은 부동산 경기가 침체되면서 가계부채까지 동반 부실화될 수 있다는 겁니다. 결국 금융기관도 부실화될 가능성이 큰데, 그런 상황을 막기 위한 선제적 대응이라면 어느 정도 받아들일 수는 있습니다. 그러나 아직 그 정도는 아니라는 거죠."

개인 빚의 탕감이 금융기관의 부실화를 막는 안전장치가 될 수 있을까?

"금융기관의 부실을 방지하는 측면이 있죠. 예를 들어 금융기관에 연체가 늘고 원금상환도 못할 정도가 되면 채권 자체가 부실화되는 것이기 때문에 금융기관이 덩달아 부실화됩니다. 그것을 정부에서 사준다는 것이죠. 그럼 이들의 채무를 탕감해주고 은행의 부실화를 막아주는 효과는 분명히 있습니다만, 지금 상황이 그 정도까지 심각한가에는 의문이라는 겁니다. 금융기관의 부실 정도가 소위 악성채권이 그렇게 많은가에 대해서, 특히 가계부채 부분에서 그렇게 악성채권이 많은가 하는 대목에서 저는 동의를 할 수 없거든요. 때문에 이건 과도한 정책이고 이렇게 되면 소위 도덕적 해이가 나타날 수 있다고 봅니다."

도덕적 해이는 이 정책을 실행하는 정부로서도 가장 경계하는 부분이다.

국민행복기금 지원 대상은 지난 2월 말 기준으로 6개월 이상 원리금 상환이 연체된 1억 원 이하 채권으로 정해졌다. 연체채권을 사들여 한꺼번에 정리해 개별 금융회사가 풀기 어려운 다중채무 문제를 해결할 수 있다는 게 정부 판단이다. 국민행복기금은 일단 채무자 신청을 받아서 원금의 50퍼센트에서 최대 70퍼센트를 없애주고 나머지는 나눠서 갚도록 약정을 맺는 대신 해당 채권액의 4~8퍼센트만 금융기관에 지급하고 악성 채권을 사들인다. 정부는 기금 재원으로 자산관리공사의 신용회복기금 잔액 8,700억 원을 활용하면 최대 20조 원의 연체채권을 정리할 수 있다고 내다봤다. 지난해 말 기준, 은행연합회에 등록된 6개월 이상 연체자는 112만 명이다. 한국자산관리공사로 넘어간 65만 명의 상각채권과 대부 업체 채무까지 고려하면 이보다 더 많다. 하지만 국민행복기금이 어느 때보다 강력한 가계부채 대책인 만큼 우려의 목소리도 높다.

다시 언급하지만 바로 도덕적 해이 문제다. 성실하게 빚을 갚는 사람들에 대한 역차별 문제와 개인의 경제적 선택에 따른 도덕적 해이 문제 등 빚을 갚지 않고 시간을 끌면 정부가 언젠가는 해결해주리라고 믿는 악성 채무자가 늘어날 수 있다는 점이다. 금융위는 국민행복기금의 지원 대상인 '6개월 이상 연체'의 기준을 박근혜 정부가 출범한 지난 2월 말로 잡았다. 그 이후 생겨난 장기 연체자는 도덕적 해이의 소지가 크다고 본 것이다.

혹시 외국에도 이런 선례가 있었는지 물었다.

"개인에 대해서 이렇게 하는 선례는 못 본 거 같습니다. 금융위기 때도 구제금융을 실시했는데 대부분 금융기관에 대한 거였죠. 금융기관들이 서브프라임 모기지 같은 경우 파생 상품들이 완전히 깡통이 됐기 때문에 정부에서 금융기관에 돈을 넣어주는 형태였구요. 스페인의 경우, 부동산이 폭락하면서 빚을 내 부동산을 샀던 사람들이 망하고 그 채권이 부실화됐기 때문에 그 금융기관에 정부 돈을 집어넣는 식의 재정 지원을 하는 형태였지 개인들에 대해서 이런 식의 정책을 펴는 것은 선진국에서도 보지 못한 정책입니다."

개인 빚을 나라에서 탕감해준다고 해외 토픽감이 되지 않을까 싶다. 아마 부러운 시선으로 쳐다볼지도 모르겠다. 애써 빚을 갚을 필요를 느끼지 못하게 되는, 나쁜 선례가 되지 않을지 걱정이다.

4.
서비스 산업의
각종 규제를 없애라

박근혜 정부의 최대 현안 가운데 하나가 증세 없는 복지의 실현이다. 이를 위해 지하세원의 양성화에 큰 기대를 걸고 있다. 지하세원 양성화 정책에 대해 물었다.

"지하경제 양성화는 많이 돼가고 있습니다. 지하경제 규모가 예전보다 많이 줄었다고 봅니다. 추정하기가 상당히 어려워 사람마다 의견은 다른데, 한 가지 확실한 것은 지하경제 규모는 예전보다 줄어들고 있다는 점입니다. 가장 크게 공헌한 것은 역시 신용카드 소득공제와 현금영수증제도일 겁니다. 이것을 통해 거래 자체가 투명하게 드러났기 때문에 지하경제 규모가 줄어들었습니다. 또 하나는 금융시장이 커지면 커질수록 지하경제 규모는 줄어들게 되는데, 바로 이렇게 금융 거래가 많아지는 것도 세원 노출 측면에서 양성화라고 볼 수 있습니다. 세원 노출을 쉽게 하는 방향에서 지하세원 양성화 정책은 긍정적으로 보입니다. 그런데 한 가지 주의할 점은 억지로 하는 정책들입니다. 세원을 찾아낸 다고 기업들의 세무조사를 강화한다든지, 안 하던 세무조사를 벌인다든 지 하는 것입니다. 아니면 금융정보분석원이 갖고 있는 자료를 국세청 에서 가져가 보도록 한다든지 하는 행위 등입니다."

박근혜 정부의 초대 경제부총리 겸 기획재정부 장관인 현오석 후보 자는 국회인사청문회에 앞서 기획재정위원회에 제출한 서면 답변을 통 해 금융정보분석원FIU의 금융정보 활용 범위를 확대하는 문제에 대한 자신의 견해를 밝혔다. 현 후보자는 지하경제 양성화와 체납징수 활용 강화의 효과가 있다며, 다만 개인정보침해나 금융정보의 남용 가능성 등에 대한 우려가 제기되고 있으므로 이를 보완하기 위한 장치도 병행 검토해야 한다고 밝혔다.

국내경제 성장률도 언급했지만 새 정부의 역할을 해줄 부처가 바로 미래창조과학부다. 그런데 정부조직법이 통과되지 못하면서 미래창조 과학부의 미래가 보이지 않고 있다. 새토운 일자리를 만드는 데 어떤 역 할을 해줄지 기대가 된다.

"지금 김대중 정부 때 벤처 붐과 유사하지 않나 하는 얘기도 있습니 다. 그때 정책과 비슷하다는 것이죠. 기본적으로 아이디어에는 동의를 합니다. 혁신을 통해서 생산성을 높이고 성장을 하자는 것이 창조경제 의 의미라고 보여지는데, 그러기 위해서는 기존의 혁신 산업들이 역할 을 해줘야겠죠. 그런데 우리나라의 새로운 벤처 중소·중견기업들 가 운데 잘나가는 기업, 뜨는 기업들이 많이 보이지 않습니다. 그 얘기는 그만큼 새로운 성장동력이 나타나지 않고 있다는 얘기인 거죠. 우리나라 강점이 IT, ICT인데 이것과 다른 산업이 융합된다면 그것을 통해 시장도 커지고 혁신도 제고되면서 성장도 되지 않겠느냐가 창조경제의 핵심이라고 판단됩니다. 충분히 가능성이 크다고 봅니다. 다만, 문제가 되는 것은 이 모든 것을 정부가 할 수 있다고 생각하면 오산이라는 거죠. 융복합이라든가 새로운 시장을 만든다든가 새로운 성장동력을 만드는 것은 정부가 할 일이 아니라고 봅니다. 정부가 정작 해야 할 일은 각종 규제나 진입장벽, 불필요한 제도들을 없애는 것이겠죠. 그것이 선결된다면 그다음 시장에서 알아서, 민간이 알아서 성장동력을 찾아낼 수 있을 것이라고 봅니다. 그렇게 되면 정말 정부에서도 바라는 새로운 혁신기업들이 많이 등장할 수 있을 것이라고 봅니다. 창조경제의 핵심은 그런 제도와 규제의 개혁이 있어야 합니다."

미디어 분야를 예로 들어보자. 사실, 미래창조과학부의 부처 조정과 이관을 놓고 여야 간 첨예하게 대립하고 있는 부분도 방송 관련 정책 때문이다. 종합유선방송SO 관할권을 어디에 두느냐를 놓고 대립하고 있다. 한쪽에서는 정부가 방송을 장악하려 한다며 목소리를 높이고 있다. 그러나 앞서 언급했듯 우리는 지금 융복합 시대를 살고 있다. 우리가 안방에서 보는 TV 채널수가 몇 개인지도 모를 정도로 넘쳐나는 세상에 살고 있다. 스마트폰으로 뉴스를 검색하고 지상파 메인뉴스의 시청률은 과거 20년 전에 비하면 절반에도 미치지 못한다.

창조경제가 강조되다 보면 혹시 교육을 덜 받은 교육소외계층이 더 소외되지는 않을까 하는 걱정도 든다.

이 문제는 어떻게 풀어야 할 것인가?

"그런 측면이 있습니다. 교육을 많이 받지 못한 교육소외층에게 제일 중요한 것은 일자리거든요. 일자리가 많이 창출되야 하는데, 창조경제만을 외치다 보면 그들한테 필요한 일자리는 생겨나지 않을 수도 있다는 우려가 있을 수 있습니다. 그런데 지식기반 서비스라는 것은 사실 오래전부터 강조해오던 것이긴 한데 잘 안 되고 있습니다. 지식기반 서비스라는 것도 기업화가 되어야 합니다. 기업화가 되어야만 고용이 늘어날 수 있습니다."

지식기반 서비스 산업이 기업처럼 커져야 일자리가 생겨날 수 있다는 말이다. 우리는 지금까지 선진국의 상품을 흉내 내며 그대로 베끼는, 이른바 모방경제 속에서 한강의 기적을 이뤄냈다. 그런데 이제는 말 그대로 세상에 없던 새로운 것을 만들어내는 창조경제로 패러다임이 전환되는 순간에 서 있다. 창조경제가 제2의 한강의 기적을 만들 수 있다는 것이다. 이제는 개도국에서 우리 것을 베끼고 있다. 새로운 것을 만들어야 한다. 창조경제에서는 개업이 아닌 창업이 많이 들어서야 한다. 지금까지 없던 새로운 형태의 점포가 골목에 들어서는 것이 창업이다. 똑같은 제품에 익숙한 형태의 물건을 파는 가게가 문을 여는 것은 창업이 아니라 개업일 뿐이다.

따라서 새로운 창조경제의 시대는 아이디어가 풍부한 열정적인 사람이 성공할 확률이 높다. 대개 소규모로 시작하게 된다. 그런데 일자리가 어느 정도 창출되느냐가 관건이다. 송원근 실장의 지적처럼 지식기반 서비스 산업도 기업화가 된다면 일자리 창출 문제도 해결될 수 있다.

송원근 실장은 지식기반 서비스 산업의 기업화를 막고 있는 것이 정부 규제라고 지적했다.

"어떤 서비스 업종에서 그 서비스에 종사하려면 전문자격증이 있어야 영위할 수 있도록 하거든요. 간단한 예가 병원은 의사밖에 하지 못합니다. 어떤 사람이 병원을 만들어서 의사를 고용하고 싶어도 할 수가 없습니다. 병원뿐만 아니라 다른 전문 직종, 다른 자격사에도 그런 규제들이 있습니다. 안경사가 아니면 안경점을 못 열고, 이런 식의 규제 때문에 자영업이 기업화가 될 수 없는 겁니다. 이 분야의 고용창출 효과가 상당히 높습니다. 많은 이가 일자리를 찾을 수 있을 것이고 저소득층이나 교육을 많이 받지 못한 이들도 들어갈 수 있다는 거죠. 제도나 규제를 개혁하지 않고 창조경제만 얘기한다면 그것을 노리는 기업들이 나올 수 있겠죠. 혁신을 하는 기업이라기보다는 정부의 지원을 받으려는 것밖에 안 되거든요. 예전에 벤처기업도 똑같았어요. 그런 기업들이 우후죽순으로 나타났다가 부실화돼서 사라지고 말았습니다. 정부 지원은 그대로 다 받고 말이죠."

마지막으로 박근혜 정부에서 내걸고 있는 중산층의 복원에 대해 물었다. 앞서 풀어냈던 여러 과제들이 제대로 이행된다면 IMF 이후 무너지고 흩어졌던 중산층들이 다시 제자리로 돌아올 수 있을 것이다.

"양질의 일자리를 창출하는 정책이 우선되어야겠죠. 앞서 말씀드렸듯 고부가가치 서비스업 일자리 창출을 위한 서비스업 분야의 규제 완화와 제도 개혁이 필요합니다. 또한 노동시장의 유연화를 위한 제도 개선을 통해 과도한 정규직 보호에 따른 대기업 일자리 창출의 제약도 제거돼야 합니다."

전문직 종사자나 노동조합에서 들으견 싫어할 소리만 골라서 한다. 그러나 그의 이런 뚝심 있는 소신 발언은 우리 사회가 균형 있게 성장하고 발전하는 데 반드시 필요한 것이라는 생각이 들었다. 그것이 옳든 그르든 그것은 나중의 문제다. 지금 당장 맞다, 틀리다를 측정할 수 없기 때문이기도 하지만 좋은 게 좋다는 식으로 입에 발린 소리만 늘어놓는다면 후손에게 물려줄 선진 대한민국은 없을 것이기 때문이다.

2013-2014
대한민국 부동산 / 경제 대전망

초판 1쇄 인쇄 2013년 3월 20일
초판 1쇄 발행 2013년 3월 27일

지은이 | RTN부동산 · 경제 TV, 최준묵
펴낸이 | 전영화 펴낸곳 | 다연(제406-2012-000061호)
주소 | 경기도 파주시 문발동 535-7 세종출판벤처타운 404호
전화 | 070-8700-8767 팩스 | 031-814-8769
이메일 | dayeonbook@naver.com
꾸민곳 | 미토스

©RTN부동산 · 경제 TV, 최준묵

ISBN 978-89-92441-33-9 (03320)